你不知道的锦衣卫

孙宇翔　陈雪飞　编著

知识产权出版社

全国百佳图书出版单位

图书在版编目（CIP）数据

你不知道的锦衣卫 / 孙宇翔，陈雪飞编著 . —北京：知识产权出版社，2018.10（2019.9 重印）
ISBN 978-7-5130-5905-3

Ⅰ . ①你… Ⅱ . ①孙… ②陈… Ⅲ . ①厂卫 – 史料 Ⅳ . ① K248.205

中国版本图书馆 CIP 数据核字（2018）第 229131 号

责任编辑：张　珑　田　姝　　　　　　　责任印制：孙婷婷

你不知道的锦衣卫
NI BUZHIDAO DE JINYIWEI

孙宇翔　陈雪飞　编著

出版发行：知识产权出版社有限责任公司	网　　址：http：//www.ipph.cn
	http：//www.laichushu.com
电　　话：010-82004826	邮　　编：100081
社　　址：北京市海淀区气象路 50 号院	责编邮箱：tianshu@cnipr.com
责编电话：010-82000860 转 8598	发行传真：010-82000893
发行电话：010-82000860 转 8101	经　　销：各大网上书店、新华书店及相关专业书店
印　　刷：北京建宏印刷有限公司	印　　张：9.75
开　　本：880mm×1230mm　1/16	印　　次：2019 年 9 月第 2 次印刷
版　　次：2018 年 10 月第 1 版	定　　价：68.00 元
字　　数：160 千字	

ISBN 978-7-5130-5905-3

创衣冠之美族曰华

拥天地之大国称夏

传炎黄之民心系汉

著交领之邦尚华服

————发起人　方文山

方文山
2018.9.15

《西塘汉服文化周系列丛书》

发 起 人　方文山　陆　丰　龚进礼

策　　划　冯莫艳雯　刘雄英　钟　强

《你不知道的锦衣卫》

统　　筹　韩罗贤　刘玉林（玉霖）　陈广松

编　　委　（排名不分先后）

高惠芳　白濛　白洁　原始

方　超　郑原良　张　祺　陈骏炀

罗　慧　孙舶扉　于兰惠　汤泳韬

唐侯翔

推荐序一

锦衣卫到底有多流行？

如果你对国内的古装电影感兴趣，会留意到近几年的影视剧服装造型都有一种流行化符号的趋势，比如以明朝为背景的电影《锦衣卫》《绣春刀》，他们的服装深入人心，以至于一提到明朝，你心中就会联想到身着飞鱼服的锦衣卫形象。据《明史·职官志》记载："锦衣卫掌侍卫、缉捕、刑狱之事，恒以勋戚都督领之，恩荫寄禄无常员。……朝日、夕月、耕耤、视牲，则服飞鱼服，佩绣春刀，侍左右。"锦衣卫还有一样特别的随身之物便是绣春刀，但这刀也并非人人都有，锦衣卫能得到御赐的绣春刀，得以随身佩戴，定是无上荣耀。好了，锦衣卫的形象你大概已经了解了三分，那么我们不妨设问：为什么锦衣卫的形象如此深入人心？

要知道锦衣卫统辖仪鸾司，掌管仪仗，事关当朝威仪，所以他们的服饰必是华美夺目，不仅颜色鲜丽，还要佩戴鹅毛装饰的帽子。此外，锦衣卫高级官员的服饰不只有飞鱼服，要数起来大致分三种：蟒服、飞鱼服和斗牛服。连盔甲亦有金甲、红甲、青甲之分，其制度之森严，也让锦衣卫这一形象生动起来，无怪乎让人过目不忘了。

明代的官服不限于锦衣卫的服制，直接关联到它背后的等级属性，可以说一个花纹一个补子，就能让一件衣服千差万别。我这里所说的也不过皮毛，只要继续翻看《你不知道的锦衣卫》，你定能收获更多。

2018.9.15

推荐序二

明代服饰在中国古代服饰发展史上堪称经典。在当代"汉服热"中，也能时常见到明代服饰的身影。它给人的第一感觉就是——森严端庄。如各位所见到的那样，在明代最有特点的服装当属官服。刚成就大业、国家百废待兴中的朱元璋，自认为创造不出新的服制，于是下诏："衣冠悉如唐代形制。"于是明代官服上采周汉，下取唐宋，出现了历代官服集大成之现象，也因此误打误撞成了封建社会末期官服的典范。

制定明代官服体系，据说前前后后花了约 30 年，上至皇帝、皇后、皇子的冠服，下至文武官员的朝服，制式逐渐完善，也不断修订，直到我们现在看到的官服成型，其中最有特色的当属"飞鱼服"，因为常由锦衣卫穿着，所以身着飞鱼服等同于锦衣卫的印象在不少人心中根深蒂固。

这里说的"飞鱼"其实是一道补子，补子的源头可以追溯至武则天时。《旧唐书·舆服志》："延载元年五月，则天内出绯、紫单罗铭襟、背衫，赐文武三品以上：左右监门卫将军等饰以对狮子，左右卫饰以对麒麟，左右武威卫饰以对虎，左右豹韬卫饰以对豹，左右鹰扬卫饰以对鹰，左右玉钤卫饰以对鹘，左右金吾卫饰以对豸，诸王饰以盘石及鹿，宰相饰以凤池，尚书饰以对雁。"但那时纹样还没有严格的对应等级制度，所以明代官服中因为补子的出现而独具华彩篇章，这道补子也一直影响到清代官服，它在服装上有着特殊的文化意义，也蕴含着极具中国风的文化典故和美学价值。

如果你还想了解更多，不妨打开这本书，一起探讨明朝服饰文化的奥秘。

推荐序三

衣着是与社会的经济文化紧密相连的："衣紫腰金""赐蟒腰玉"代表的是荣耀地位；"九天阊阖开宫殿，万国衣冠拜冕旒"代表的是上国气象；"吴宫花草埋幽径，晋代衣冠成古丘"代表的是怀古追思。无论是褒衣广袖，还是金梁蟒玉、一袭锦衣，都展示了历史长河的跌宕起伏，代表着中国朝代的盛衰荣辱，不仅展示了我国悠久的历史文化，还指引了传统传承的未来。

随着国力强盛和文化繁荣，中国人民的文化自信越来越强。在此环境下，汉服活动逐步升温，相关盛会频频举行，传统服饰制度引起了海内外众多学者的研究兴趣，成为常讲常新的热门议题。服饰制度的兴衰变异，揭示了服装背后的学术与权力之后的利益羁绊，检点故纸堆正是检点历代士大夫的希望与绝望、象天法地的礼制理想如何被现实艰难的政治所消磨幻灭的过程。在封建社会，百姓难以渡过身份地位的鸿沟，便以私用僭越服饰品级来展现这种渴望；在现代社会，东西方的服饰礼仪传统被逐渐打破；各种生活礼仪细节的追求常常让位于文化断层的现实。

观念决定行为，无论是人物肖像、出土实物，或是文献上的服装观念，其辗转流变，都必然反映在着装行为上，所以服饰史上的文字和图像，即便不与现实完全吻合，也可部分反映现实或影响其发展趋势。那些儒生大臣关于服饰制度的争论、民间着装从一时风尚到习以为常，最终呈现在历代舆服志与众多的笔记小说中，无论它们是源于学术追求还是利益驱动，无论它们是多么冗杂琐碎、异想天开，都深深地影响着我们的历史。

这本书的作者深爱传统服饰，他们潜心研究，希望以微己之力贡献于相关研究：深入浅出的行文风格，丰富详实、细致入微的插图，两者相映成趣，为这本书增益了不少光泽。复原仿制的飞鱼服飒爽英姿，四兽麒麟袍雍容华贵，衮冕十二章威严肃穆，以传统纹样设计创作新式的汉元素时装，又引领时尚潮流。近年来为传统服饰的复原和推广所做的各种工作也收入其中，可以将其看做这十年汉服复兴发展的一个侧面总结。相信通过作者的一番努力，这本书一定能成为受到读者们喜爱的文化普及读物。

西塘汉服文化周已经连续举办多届，相关图书作品也有多册，每每想到有这样一群年轻人，不为名利，不计较得失，为了热爱而投入大好青春，换来大众对传统文化、礼仪和服饰的了解和热爱，就十分感慨。他们并不因为时光流逝古制消亡，便放弃对汉服的热忱与钟爱，以微力而聚沙成塔，用一腔赤诚浇灌出汉服的新生。

祝愿他们为传统文化传承的所作所为，能够如新生萌芽长成参天大树。虽然过程必将困难重重，但他们终将被时光温柔以待。

知识产权出版社有限责任公司

"来出书"平台

陆彩云

自序

近年来，由于各种影视作品和文学作品的渲染，"锦衣卫"已经成为一个家喻户晓的话题。人们对锦衣卫的想象，往往停留在影视作品中帅气英武的武官形象。不少人认为锦衣卫就是明代的特务机构，或者是某种"特种部队"，甚至有些人认为，甄子丹和张震在电影中的扮相就是锦衣卫的经典形象。

有趣的是，在 20 世纪 90 年代以前，锦衣卫的形象却多半是"明代皇家特务机构"，而并不是"伟光正"的正面人物形象。影视作品的服装造型，往往会对真正的历史人物进行一些脸谱化的夸张，正如传统戏剧中不同的角色人物往往都有固定的服色和脸谱造型。这些脸谱化的刻板印象，对我们了解锦衣卫真正的历史面貌造成了一定的限制。正因如此，我们编辑整理了这本书，希望还原一个真实的锦衣卫的模样以飨读者。

锦衣卫的存在可以说是明代司法体制的一个特色。在绝大多数时候，锦衣卫除了有保卫任务以外，还有侦缉收押刑讯的权利，并且直接向皇帝本人汇报，而不需要通过明代的正式司法机构——三法司，甚至对三法司的一些审判，锦衣卫还有派员监督的体制。这种凌驾于国家司法体制以上的特权，很显然来自皇帝本人的权威。而锦衣卫获得这些特权的原因，无非是由于其与皇帝本人的特殊关系，这些特权，即皇权的延伸。洪武十五年，皇帝取消原有的亲军都督府，并将原有的仪銮司扩建为锦衣卫。锦衣卫在设立之初，其主要职责本应该是负责皇帝出行等活动的仪卫工作，因此锦衣卫也称为锦衣亲军。"锦衣"，也是由于要随銮伴驾的工作需要。从字面上看，锦衣卫似乎本分里并不包含监察百官的内容。在建立帝国之初，皇帝朱元璋总结了元帝国走向衰亡的经验之后，他认为乱世必用重典，严于法制才能维护他的封建秩序。而对于他一手建立的文官官僚集团，由于皇帝本人出身草莽，对士族出身的官人老爷们有着天然的成见甚至是仇视，因此，在洪武初年皇帝曾任用过一些所谓的"检校"，其著名者如高见贤等，皇帝用"恶犬"来比喻这些人。当时的勋贵，如开国的功臣李善长等，都很惧怕这些人。这些人并不隶属于任何官僚机构组织，直接向皇帝本人汇报，其具体职责，多是监视在京官员，搜集民间的情报。这些检校的存在，无疑是加强了皇权，甚至干涉了司法，但是明初的官员对此并没有任何异议。这些检校公开或者半公开地进行侦缉和刺探的工作，其效果是显著的：在京的官员臣工，不仅仅在公署中需要行为端正，就是下班回家后也必须时刻注意自己的行为，因为皇帝的刺探甚至可以掌握你下班以后和谁饮酒、喝了几杯、吃了什么菜这样具体的细节（《明史·宋濂传》）。皇帝本人十分推崇这种"察微"的手段，他甚至公开说："人君苟不能察其微，则君子小人莫能辨别。"（《典故纪文》）这些负责替皇帝"察微"的检校，来源十分复杂，也没有相应的组织机构管理，而且互不隶属，都独立向皇帝负责，无疑造成了管理上的混乱。可能是因为这样的理由，锦衣卫应运而生了。

皇帝的亲军卫队共有二十二卫，其名目有：金吾、羽林、府军、锦衣、燕山、济阳、通州等卫，锦衣卫位列其首。明朝初期一个"卫"通常有5600人左右，分成五个"千户所"，每个千户所又下辖十个"百户所"。每个百户所领有士兵百人。锦衣卫不像其他的单位有人员限制，而"恒以勋戚都督领之，恩荫寄禄无定员"（《明史·职官志》）。由于锦衣卫是所有亲军卫队中最靠近皇帝的，因此"寄籍锦衣卫"是皇帝对勋贵子弟的恩赐。明初，功臣的子弟多被赐予锦衣卫的世袭官职以示荣宠。此外，还有一些外戚被授予锦衣卫的官职。这些在锦衣卫"挂职"的勋戚被称为"带俸武职"，大多不参与实际的日常工作，只是作为荣誉军官，可以穿着高阶的官服以及支度一份本等俸禄。不同的是，勋官多系世袭，外戚则为流官。对于蒙古、鞑靼、色目等少数民族以及外来民族主动归附的部落领袖头目等人，大部分授予"带俸营操武官"或称"达官"，其中有一部分亦授予"南北两京锦衣卫"的官职（《南京锦衣卫选簿》）。这些达官原则上不参与军队的管理工作。至弘治正德年间，宦官势力兴起，授予中官子弟锦衣卫官职亦成为流行。正德十三年（公元1518年），因为"应州大捷"而升赏叙荫者有五万六千人之多，这简直是太监们给自己的子弟们捞乌纱的狂欢！有权势的中官皆荫其子弟为"锦衣卫千百户"之官，并以锦衣卫指挥使甚至都督同知这样的高官推恩他们的父亲：

> "正德初谷大用之父奉，张永之父友，特封锦衣卫指挥使。丘聚、魏彬、马永成之父赠如之。明年奉友俱进都督同知。刘瑾缘以赠三代皆为都督同知而后遂为故典矣。"（《皇明异典述》）

西塘汉服文化周中文化名人方文山老师身着飞鱼服

到了万历年间，即便是在内阁首辅张居正的阻止劝诫下，皇帝还是给大量的外戚授予了锦衣卫的头衔（《议外戚子弟恩荫疏》）。明朝的武官职务，分为"流官"和"世职"两种。所谓"流官"，即不可世袭的官职；所谓"世职"，指的是可以世袭的官职。明初规定武职非军功不可世袭。可是由于历代的大量恩荫封赏、各种"带俸""寄禄"名目，锦衣卫从洪武年间的几千人，发展到嘉靖初年从锦衣卫度支俸禄的人员达到十五万人之众。而基层旗校员的选用，也在中后期发生了很大的变化。明初，锦衣卫基层的旗校等员，基本上采用"子承父职"的袭职制度，并从民间挑选"丁壮无恶疾过犯者"补充。嘉靖以后，京城锦衣卫旗校多为"都中大豪，善把持长短，多布耳目，所睚眦无不立碎"（王世贞《锦衣志》）。

锦衣卫作为一个明代特殊的机构（却不是特有的，清代仍沿用了明代的锦衣卫，仅一年后就改为銮仪卫，锦衣卫自此成绝响），由于其特殊的地位和特殊的职用，一直为人所津津乐道。今天的一些影视文学作品，重新塑造了一些锦衣卫的形象。不管这些形象是否真实，研究历史的态度应当是客观而公正的。本书将以"锦衣卫"的特殊形象——"锦衣"为核心，具体谈一谈何谓"锦衣"？究竟有哪些人会获得"锦衣"之赐？而真正穿着"锦衣"的又是哪些人？

本书在成书过程中，征引的史料文献计有《后汉书·舆服志》《尚书》《仪礼》《隋书》《旧唐书·舆服志》《新唐书·舆服志》《宋史·舆服志》《金史·舆

身着飞鱼服的霹雳布袋戏布偶
亮相西塘汉服文化周震撼全场

服志》《元史·舆服志》《明史·舆服志》《元典章》《三才图会》《明实录》《明集礼》《明史·食货志》《明史·职官志》《南京锦衣卫选簿》《故典纪文》《古今杂抄辑录》《大学衍义补》《万历野获编》《酌中志》《锦衣志》《皇明异典述》《觚不觚录》《朴通事谚解》《天水冰山录》等。

在写作过程中，获得了方文山老师、陈广松先生、信辉和刘畅先生的大力帮助。资料的搜集，仰赖陈骏炀的日夜操劳。绘图部分，由张琪执笔。文章的整理，是由罗慧与于兰蕙完成。在此一并感谢。

目　录

第一章

明代官僚体系和赐服制度

明太祖朱元璋出身草莽，在元末风起云涌的乱世中，他就参考元代的旧制，在自己的部队中设立官职。

在"群雄逐鹿"的过程中，陆续有来自各地的武装势力投靠或者归降到他的麾下。这些来自群雄的部队，往往是整建制的来投，初期都保留了自己的称谓，多称枢密、平章、元帅、总管、万户等。一直到甲辰年（公元1364年）他称王以后，对投靠自己的队伍进行了一次整编，订立了"部伍法"，统一了部队番号以及职官制度：

明太祖朱元璋中年龙袍画像

"初，上招徕降附，凡将校至者皆仍其旧官，而名称不同。至是下令曰：为国当先正名。今诸将有称枢密、平章、元帅、总管、万户者，名不称实，甚无谓。其核诸将所部有兵五千者为指挥，满千者为千户，百人为百户，五十人为总旗，十人为小旗。令既下，部伍严明，名实相符，众皆悦服，以为良法。"（《太祖实录》）

"甲辰整编"的实施，奠定了明代的武官制度，即"卫所制度"。而元代所实行的"军户世袭制度"，也被明代所继承，成为卫所制度的一大特征，这从存世的各种武职"选簿"内黄外黄（古时职官的档案册）的记录中，可以找到大量的实例证据。因此可以说：武官的世袭制度早在大明建国以前就开始实行了。明代的武官，以卫所系统的武官为主，兼有边疆民族地区的各种宣慰司、宣抚司或者羁縻卫所中的土官。卫所系统的武官，分为世官和流官两种，其中世官九等：指挥使、指挥同知、指挥佥事、卫镇抚、千户、副千户、所镇抚、百户、试百户，这九等武官皆可世袭。流官八等，系五军都督府和都司、留守司中的高阶武官，包括：都督、都督同知、都督佥事、都指挥使、都指挥同知、都指挥佥事、留守、副留守，这八等流官皆不许世袭：

> "国家设都卫节制方面，所系甚重。当于各卫指挥中，遴择智谋
> 出众以任都指挥之职，或二三年，五六年，从朝廷升调，不许世袭。"
> （《太祖实录》）

一旦被授予武职，就有相应的勋、禄和散阶，比如正二品都指挥使：勋号上护军，禄米六十一石，散官初授骠骑将军，升授金吾将军，加授龙虎将军。与之相应的，文官系统也有相应的勋、禄和散官。

表1　明代官职品禄表

品级		武职	勋	散阶			对应文职
				初授	升授	加授	
一	正	左、右都督	左、右柱国	特授荣禄大夫	特进光禄大夫		太师、太傅、太保；宗人令、左右宗正、左右宗人
	从	都督同知	柱国	荣禄大夫	光禄大夫		少师、少傅、少保；太子太师、太子太傅、太子太保
二	正	都督佥事、正留守、都指挥使	上护军	骠骑将军	金吾将军	龙虎将军	太子少师、太子少傅、太子少保；六部尚书；督察员左、右御史
	从	都指挥同知	护军	镇国将军	定国将军	奉国将军	左、右布政使
三	正	副留守、都指挥佥事指挥使	上轻车都骑	昭勇将军	昭毅将军	昭武将军	六部左、右侍郎；副督察员左、右都御史、大理寺卿、太常寺卿等
	从	指挥同知	上骑都尉	怀远将军	定远将军	安远将军	布政司左、右参政；光禄寺卿

品级		武职	勋	散阶			对应文职
				初授	升授	加授	
四	正	指挥佥事	骑都尉	明威将军	宣威将军	广威将军	左、右佥都御史；知府等
	从		骁骑尉	宣武将军	显武将军	信武将军	国子监祭酒、参议运司、宣慰副使等
五	正	正千户、仪卫正	飞骑尉	武德将军	武节将军		殿、阁、翰林院大学士；六部各清吏司郎中；按司佥事，府同知
	从	卫镇抚、副千户、仪卫副	云骑尉	武威将军	武毅将军		翰林院侍读学士、侍讲学士；六部各清吏司员外郎
六	正	百户、典仗	武骑尉	武略将军	承信校尉		翰林院侍读学士、侍讲；国子监司业；六部各清吏司主事
	从	所镇抚（典仗）、试百户		昭信校尉	忠武校尉		翰林院修撰；州同知等
七	正			忠贤校尉			翰林院编修；六科都给事中；十三道监察御史；知县等
	从						翰林院检讨；中书舍人；六科都给事中

　　最初朱元璋在建立政权的时候，是采取元代的旧制，设立枢密院。甲辰整编的时候，以李善长、徐达为左右相国。在定鼎天下之后，最先朱元璋在帝国的中央采用的是唐宋沿用的三省六部九卿的制度，后因胡惟庸案而撤销了三省，收回了相权。洪武二十八年，皇帝下诏："自古三公论道，六卿分职。自秦始置丞相，不旋踵而亡。汉、唐、宋因之，虽有贤相，然其间所用者多有小人专权乱政。我朝罢相，设五府、六部、都察院、通政司、大理寺等衙门，分理天下事务，彼此颉颃，不敢相压，事皆朝廷总之，所以稳当。以后嗣君并不许立丞相，臣下敢有奏请设立者，文武群臣实时劾奏，处以重刑。"胡惟庸也成了中国历史上最后一个丞相。

　　在取消相权之后，朱元璋创立了一个六部平行的机制，即各部互不隶属，直接向皇帝本人负责。旋即又设置"四辅官"，以协赞政事，均调四时。《通纪》载：

> "九月丙午，置四辅官，以耆儒王本、杜佑、龚敩为春官，杜斅、赵民望、吴源为夏官，秋、冬官缺，以本等摄之，位列都督之次。敕以协赞政事，均调四时。月分三旬，人各司之。以雨晹时若，验其称职与否。"

不久废去四辅官，并于洪武十五年（公元 1382 年）仿宋代制度，设内阁于殿廷，以大学士担任顾问兼秘书的职务。《昭代典则》说：

> "（洪武）十五年十一月丙午，初置大学士，以礼部尚书刘仲质为华盖殿大学士，检讨吴伯宗为武英殿大学士，翰林学士宋讷为文渊阁大学士，典籍吴沈为东阁大学士，使侍左右备顾问。又置文华殿大学士，召耆儒鲍恂、余诠、张长年等为之，以辅导太子。"

内阁一开始并不是一个正式的官僚机构，仅仅是皇帝召集一些文官、甚至是低阶文官来襄赞政事。久而久之，阁臣们不断升迁，由大学士而尚书、侍郎，进而位列三公，权力也越来越大。嘉靖朝阁臣们甚至位列六部尚书之上，俨然如唐代的门下省。由于唐代门下省的官员互称阁老，因此内阁大学士们也被尊称为阁老。内阁甚至在某些时期僭越了皇权，名臣张居正即是此列，他也开创了"文官赐蟒"的先河。

张居正着蟒袍像

"三公"和"三孤"，即正一品官太师、太傅、太保和从一品官少师、少傅、少保，本来是负责辅佐皇帝的重臣，到了明代，这一品文官职就没有什么实际权力了，而成为对勋官文官的加官或者赠官。据载，翊国公郭勋和成国公朱希忠曾经遍历"三公"，一时为人称道。文官能够不依靠军功加官到太师，可谓是位极人臣了。有明一代，即使权势熏天如严嵩、徐阶，最后获得的加官也仅仅是少师。张居正却是在活着的时候一加少保、太子太保，再加兼太子太傅，三加少傅，四加太子太师，五加少师，六加太傅，七加太师，因此当年明月送给他一个雅号"首席活太师"（当然活着的时候获赠太师衔的还有好几位，比如李善长、张辅、朱永、朱希忠、魏良卿，其实还有朱寿，只不过他是自己给自己加的，也算上吧）。

"六部"是国家事务的具体管理机构，分管官员人事、财政、国防、礼仪、民政等职，百度上对其描述颇详，摘录如下：

"明朝中枢设六部。吏部有尚书（正二品）一人，左右侍郎（正三品）各一人，下设四个清吏司（文选、验封、稽勋、考功），每司各有郎中（正五品）一人，员外郎（从五品）一人，主事（正六品）一人等官。吏部职权特重，为六部之首。户部有尚书一人，左右侍郎各一人，下设十三清吏司（浙江、江西、湖广、陕西、广东、山东、福建、河南、山西、四川、广西、贵州、云南），各司有郎中、员外郎、主事等官。户部另有一些直辖机构，如宝钞提举司、广盈库、军储仓等。礼部有尚书一人，左右侍郎各一人，下设四个清吏司（仪制、祀祭、主客、精膳），各司有郎中、员外郎、主事等官。另辖铸印局等。兵部有尚书一人，左右侍郎各一人，下设四个清吏司（武选、职方、车驾、武库），各司有郎中、员外郎、主事等官。另辖会文馆等机构。刑部有尚书一人，左右侍郎各一人，下设十三清吏司（分司同户部）。各司有郎中、员外郎、主事等官。工部有尚书一人，左右侍郎各一人，下设四个清吏司（营缮、虞衡、都水、屯田），各司有郎中、员外郎、主事等官。另辖宝源局、军器局等机构。

旧都南京也设六部，称南六部，另有一套职官，但又不全置，其职权远不如北京六部。一般是安置地位崇高之退闲大臣之所。"

在六部以外还设有六科给事中，相对于六部，职责是监督六部的工作。给

徐显卿宦迹图之皇极侍班

事中品级很低却直接向皇帝负责。这个部门也是明代的创举。

"五寺"即大理寺、太常寺、光禄寺、太仆寺、鸿胪寺。其中大理寺类似全国最高法院，与刑部、都察院合称"三法司"，是国家的最高司法机构，后来锦衣卫的出现一定程度侵占了三法司的权力。太常寺管理祭祀事宜，光禄寺管理宴会，太仆寺养马，鸿胪寺管理外交事宜。

都察院的前身是御史台，其负责人为左都御史，下辖十三道监察御史共一百一十人，职责是纠察百官。监察御史，又称巡按，"代天巡守"说的就是这些人，品级虽然不高，但是权力极大。

元朝曾设有"四方献言详定司"来采纳来自各方的意见建议，修订政策。明朝在洪武十年（1377年）设置了"通政使司"掌握内外章奏、封驳和臣民密封申诉之件，参与仪政、大狱及会推文武大臣。通政使司是明代创设的，其职能似乎有类于南北朝的通事舍人、唐代的知匦使、宋代的阁门使及通进银台司等机构的合并，在理论上是君主和臣下之间的一个联系机关，任何官署上奏事件都必须经由其手，所以居七卿之下的最高位次，有资格参与"廷推"。据《梦余录》记载，通政司门下有一红牌，书云"奏事使"，持此牌可以直入内府，守卫官不得阻拦，这给通政使奏事提供了方便，使下情能及时上达。通政司出纳王命，为朝廷之喉舌，其封奏皆自御前开拆，故奸臣有事即露，无幸免者；天顺以后，其作用虽稍减弱，但也为权奸所警戒；其主官是通政使正三品。通政使和大理卿、左都御史以及六部尚书的组合就是明朝文官的"第一天团"——"九卿"。

翰林院是文官的"孵化基地"，凡科举高中的状元、探花、进士等必先授翰林，之后才逐渐升迁。

詹事府则是辅佐东宫的官员。宗人府管理老朱家一大堆的子孙后代的事宜。此外，"京官"还有国子监，是最高公立学府；太医院负责看病；钦天监负责观测天文、颁布历法、替皇帝算命等工作。

地方官员则有都指挥使司、宣布政使司、提刑按察使司，即所谓"三司"，来管理军政以及司法工作；另有十三道监察御史负责监督。各府、州、县官员由中央统一派任。

徐显卿宦迹图之司礼授书（教太监读书）

除文武诸司官员以外，明朝历史上还有一类官员活跃于政治舞台上，这些人就是宦官。宦官，或称内官、内使、中官、中使。建国之初，朱元璋对太监的态度是非常不友好的，他认为"此曹止可供洒扫，给使令，非别有委任，毋令过多"，此外他还定下规矩："内侍毋许识字"。他还铸造过一个铁牌曰："中使不得干预政事，犯者斩"；同时又下诏给政府各部门："毋得与内官监文移往来"。然而到了永乐年间，由于皇帝屡屡派宦官出使、监军、巡边，使得太祖的祖训就此作废了。著名的"三宝太监郑和"的事迹足可以证明这一点。

宦官的组织机构，常设十二监四司八局，合称二十四衙门：

"《皇明祖训》所载，设立内府衙门，职掌品级，立法垂后，亦尽善尽美。惟是间有《祖训》所未及载，或载而未详者，谨谱次梗概于左。按内府十二监：曰司礼，曰御用，曰内官，曰御马，曰司设，曰尚宝，曰神宫，曰尚膳，曰尚衣，曰印绶，曰直殿，曰都知。又四司：曰惜薪，曰宝钞，曰钟鼓，曰混堂。又八局：曰兵仗，曰巾帽，曰针工，曰内织染，曰酒醋面，曰司苑，曰浣衣，曰银作，以上总谓之曰'二十四衙门'也。此外，有内府供用库、司钥库、内承运库等处。"（《酌中志》）

除此二十四衙门以外，还有各王府供奉的宦官，孝陵神宫监、天寿山守备太监、凤阳守备太监、湖广承天府守备太监等，其中以"司礼监"的地位最为显赫。司礼监最高阶者称"掌印太监"，其次是"秉笔太监"和"随堂太监"。这些太监每日的工作就是帮助皇帝批奏折。在明朝中后期，这些中官凌驾于外臣之上替皇帝行使皇权。司礼监还执掌着东厂的权柄，因此能够进入司礼监就等于进入了帝国的政治核心。有明一代著名的"立皇帝""九千岁"们，无一不是出自此监。只要进入了司礼监，就获赐了高阶的赐服，全员穿着曳撒，起初是斗牛，次升坐蟒。二十四监中也有"神宫监""直殿监"和"都知监"这类负责祭祀洒扫清道的"清水衙门"，一旦进入这些部门，就会被认为政治前途一片黑暗——"下下衙门也"。

以上所述，加上边疆民族地区的土官，即组成了明朝的官僚体系。

明代建国，朱元璋就建立了明代的冠服体系。洪武元年，皇帝就曾经下诏："复衣冠如唐制。"但是由于时间太久远，所以当大臣们向皇帝奏请恢复古代的"五冕"制度的时候，遭到了皇帝的拒绝。洪武三年，皇帝又说今"服色所尚于赤为宜"，到了洪武二十四年，皇帝又召集礼部和太常寺的官员大讨论，更定冠服制度。此后历代皇帝又陆续提出了对官民人等服色的一些限制，比如"大红紵丝、纱罗"这种颜色质地，是极高的荣誉，一般的官员都不允许服用：

"惟四品以上官及在京九卿、翰林院、詹事府、春坊司、经局、尚宝司、光禄寺、鸿胪寺五品堂上官、经筵讲官方许穿用，其余衙门虽五品官及五品以下官，经筵不系讲官者俱穿青绿锦绣，遇有吉礼，止许穿红布绒褐。"（《明会典》）

又如织金妆花、五彩闪色等工艺，只允许皇家使用，民间不得织造和使用：

"在京在外官民人等不许滥服五彩妆花、织造违禁颜色及将蟒龙造为女衣，或加饰妆彩，图利货卖。"

　　"妇女僭用金绣、闪色衣服、金宝首饰、镯钏及用珍珠缘缀衣履，并结成补子、盖额缨络等件，事发各问以应得之罪，服饰、器用等物并追入官。"（《明史·舆服志》）

　　而这些禁用的面料，却常常出现在皇帝赠赐给大臣、内官、皇亲、边臣和少数民族领袖的物品中。

　　对于服饰纹样的限制，洪武三年规定：

　　"不得彩画古先帝王、后妃、圣贤人物故事、日月、龙凤、狮子、麒麟、犀、象之形。"

　　"凡民间织造违禁龙凤纹芝丝、纱罗货卖者，杖一百，段匹入官。机户及挑花、挽花工匠同罪，连当房家小，起发赴京，籍充局匠。"

飞鱼锦缎（东京国立博物馆）

　　"官吏、军民人等，但有僭用玄、黄、紫三色及蟒龙、飞鱼、斗牛，器皿僭用朱、红、黄颜色及亲王法物者，俱比照僭用龙凤文律拟断，服饰器物追收入官。"（《明太祖实录》）

　　天顺二年（1458年）有令："官民人等衣服，不得用蟒龙、飞鱼、斗牛、大鹏、像生狮子、四宝相花、大西番莲、大云花样。"而这些图样的禁止，是为了维护皇家的权威，这些纹样只允许出自皇家的赏赐恩典。比如皇帝的家奴——中官，只要中官能够进入司礼监，就可以穿着斗牛曳撒；资深的太监们几乎都是穿着高贵的坐蟒服，这种荣宠让外臣们望尘莫及：

　　"按《大政记》，永乐以后，宦官在帝左右，必蟒服，制如曳撒，绣蟒于左右，系以鸾带，此燕闲之服也。次则飞鱼，惟入侍用之。贵而用事者，赐蟒，文武一品官所不易得也。"（《万历野获编》）

在《明史·舆服志》中，详细规定了皇帝、后妃、太子、亲王、郡王、世子、百官、退休官员、僧道、庶人的服装制度，其中还包括了附属于大明王朝的外国君臣的服色：

"外国君臣冠服：洪武二年，高丽入朝，请祭服制度，命制给之。二十七年，定蕃国朝贡仪，国王来朝，如赏赐朝服者，服之以朝。三十一年，赐琉球国王并其臣下冠服。永乐中，赐琉球中山王皮弁、玉圭，麟袍、犀带，视二品秩。宣德三年，朝鲜国王李濩言：'洪武中，蒙赐国王冕服九章，陪臣冠服比朝廷递降二等，故陪臣一等比朝臣第三等，得五梁冠服。永乐初，先臣芳远遣世子禔入朝，蒙赐五梁冠服。臣窃惟世子冠服，何止同陪臣一等，乞为定制。'乃命制六梁冠赐之。嘉靖六年，令外国朝贡入，不许擅用违制衣服。如违，卖者、买者同罪。"

明朝中后期重臣李成梁画像（身着四爪蟒袍）　　　　　李成梁画像　局部

　　这种对附属国君臣的赐服，是明代赐服制度的一个典型例子。皇帝通过赐予附属国相当于中央王朝郡王甚至亲王级别的冠服，来表示对其地位的承认。这种制度也不是明代的独创，历代中原王朝都有赐予前来朝贡的外国官员和君主冠服的旧例。这是基于自古以来的"朝贡体系"和"中央王朝"的思想。明代建国以后将这种非常规性的赏赐制度化了。这一类赐服的范围包括了朝鲜、琉球、越南等国家的君主和使臣，以及明帝国边疆民族地区的政教领袖，比如西藏的活佛、法王、大喇嘛等，虽然后者在后来的历史中常常因为帮助皇帝生儿子而获赐更多的高阶服装和金银珠宝。在郑和下西洋之后，这一赏赐又泽及了苏禄（今菲律宾）、天方（今沙特阿拉伯王国）和文莱等国。前几年文莱苏丹即位的仪式上，最靠近宝座的两个礼仪官员，其中的一个穿着明代式样的官服，据说即是来自明代的赏赐。后来的"壬辰倭乱"以后，皇帝又给日本太阁丰臣秀吉赐了诏书、皮弁服和麒麟、飞鱼等，相当于郡王等级的高阶纹样的服装。

万历赐给丰臣秀吉麒麟袍柿蒂窠　局部（日本妙法院藏）

　　除了这些外国君臣，一些内附于明帝国的边疆守将或者效忠于皇帝的蒙古诸部领袖和将领也经常向朝廷请赐高级服色纹样的官服。《宪宗实录》中记载，成化元年：

　　　　"泰宁等卫右都督列玉、突兀南帖木儿，乞地市牛只农具，许之，求蟒衣不得。"

　　　　"迤西乩加思兰与其妻奏求蟒龙等服，诏不允，以红绢及毡衫与之。"

　　明人笔记中又有：

　　　　"正德中，赐播州宣慰司杨斌麒麟衣一袭，升四川按察使。后以宣慰致仕，复赐麒麟衣一袭，最后赐蟒衣、玉带。以贡物厚故也。赐永顺宣慰使致仕彭世麒大红蟒衣三袭，升都指挥使；其子宣慰明辅大红飞鱼服三袭，给正三品散官诰命。以进大木故也。嘉靖末，复以进大木赐致仕宣慰彭明辅蟒衣，进湖广都指挥使，致仕；子宣慰翼南飞鱼衣一袭，进云南右布政使。正德赐日本使臣宋素卿大红飞鱼服一袭。中人瑾受其黄金故也。素卿，闽人，至嘉靖中，始以争贡事论死。"

（《万历野获编》）

在明人的笔记中，这些边疆的土官因为进贡木材之类的事情获赐高级的赐服。而文中提到的宋素卿，却是使用了不正当的手段获得了赐服。正统年间出于怀柔目的的对于瓦剌部的殊赏，则引起了当时的社会对"北人之赏"的关注：

"赐北人之厚无过于正统时，卫拉特布哈王太师额森者，盖其时敌势方盛故也，按四年赐托克托布哈王汗者织金四爪蟒龙膝襕八宝衣一、织金胸背麒麟青红彩段六、五色段八、绢二十五、金嵌宝石绒毡帽一顶、金钣大鹏厌缨十件、全伽蓝香间珊瑚帽珠一串、宝金彩绣纻丝衣六、金绣缠身蟒龙直领一、青暗花井口对襟曳撒一、织金胸背麒麟并四宝四季花襦护比甲各一、织金虎并圈金宝相花云肩通袖膝襕各一、金相犀甲麒麟系腰一、红甸皮描金花包二、鋄银折铁刀并鞘一、铜线虎尾三、尖云头套靴一双、秋水面乌木裹琵琶一、花梨木哈必苏一、鞭鼓喇吧号笛各一、黄身勇字鱼肚旗一、鱼尾号带飞虎招旗二，妃及丞相知院大夫以下各有差赐，淮王额森与汗同。自是岁岁有加十四年又赐汗织金蟒龙文绮彩绢一百八十四疋、金银各五锭塔纳珠一千六百颗、金银镶木碗各二、织金九龙蟒龙浑金文绮三十八疋、绣金衣五件、靴袜乐器账房药材等物。可汗二妃织金文绮彩绢三十二疋、各锦袍一袭、织金衣三件、靴袜针线脂粉丝绒具全。赐额森亦如之。未几而有土木之变，尚赐可汗及额森各金百两银二百两、大珠十塔纳珠百颗、织衣九龙纻丝五疋、织金蟒龙纻丝五疋、织金胸背纻丝十疋、浑织金

花紵丝五疋、素花紵丝二十疋、并琵琶筝胡琴器皿等物。"（《皇明异典述》）

"北虏之赏，莫盛于正统时，其四年及十四年者，弇州《异典》，已尽记之矣。惟六年之赏更异，今录之：赐可汗五色彩段，并紵丝蟒龙直领、褡护，曳撒、比甲、贴里一套，红粉皮圈金云肩膝襕裙通衲衣一，皂麂皮蓝条钢线靴一双，朱红兽面五山屏风坐床一，锦褥九，各样花枕九，夷字《孝经》一本，锁金凉伞一，绢雨伞一，箜篌、火拨思、三弦各一幅，并赐其妃胭脂绒绵丝线等物。至八年，又赐可汗紵丝盛金四爪蟒龙单缠身膝襕暗花八宝骨朵云一疋，织金胸背麒麟白泽狮子虎豹青红绿共四疋，八宝青朵云细花五色段二十六疋，素段五十六疋，彩段八十七疋，印花绢十疋；可汗妃二人白泽虎豹朵云细花等段十六疋，采段十六疋，花减金铁盔一顶，戗金皮甲一副，花框鼓鞭鼓各一面、琵琶、火拨思、胡琴等乐器，及钻砂焰硝等物；又赐丞相把把只织金麒麟虎豹海马八宝骨朵云紵丝四疋，彩绢四疋，素绢九疋；其余平章伯颜贴木儿小的失王，丞相也里不花、王子也先孟哥、同知把答木儿、金院南剌儿、尚书八里等，皆赏彩段绸绢有差。上又赐御书谕太师淮王中书右丞相也先，赐织金四爪蟒龙紵丝一、织金麒麟白泽狮子虎豹紵丝四，并彩绢表里；又赐也先母妃五人、妃四人、诸织金缯彩。"（《万历野获编》瓦剌厚赏条）

镇朔将军唐通像轴（故宫博物院藏）

（唐通于明亡前夕居宣化总兵、密云总兵等要职。手握兵权，举足轻重。崇祯皇帝曾召见唐通并赐莽玉，对他寄予极大的希望。但唐通终负所托，先降李自成，后降多尔衮，身份变换不定。《清史列传》将其列入《贰臣传》）

文官们也许是出于嫉妒，于是请求皇帝下令整顿赐服的秩序，弘治元年正月：

> "甲子，礼部以左副御史镛赐蟒衣。《尔雅》云：蟒者，大蛇，非龙也。蟒无角无足，龙则角足具焉，今织蟒俱为龙。遂禁赐并纺织者。"（《万历野获编》）

> "弘治十三年奏定，公、侯、伯、文武大臣及镇守、守备，违例奏请蟒衣、飞鱼衣服者，科道纠劾，治以重罪。"（《明史·舆服志》）

关于大臣们的赐服，在国初，著名者有常遇春。故宫博物院藏有一张由常遇春后人提供的常遇春画像。在这张画像中，常遇春头戴唐巾，耳戴金环，身穿盘领长袍。令人惊奇的是，开平王常遇春身穿的红色圆领袍上的纹样，是一条缠身过肩的五爪金龙！这件衣服据说是来自皇帝朱元璋的特典，是皇帝在常遇春死后脱下自己的龙袍赠送给他的，之后还下令追绘了常遇春身穿这件龙袍的影神像以示荣宠。皇帝赐予臣下龙袍这件事情在明初可谓是特典。

常遇春画像（着五爪金龙圆领袍）

可是到了明朝中后期，就是滥典了，皇帝不得已将"五爪龙文"的赐服称之为"蟒龙"。《万历野获编》的作者沈德符就说过："蟒衣为象龙之服，与至尊所御袍相肖"，换句话说，同样一件衣服，如果穿在皇帝的身上就叫作"龙袍"，而如果颁赐给臣下，就被称为"蟒龙袍"了。考内阁大学士赐蟒衣，始于弘治十六年大学士李东阳、刘健、谢迁，大抵是为了表彰他们领衔编修《大明会典》。万历年间的权臣张居正，则是开了"文臣赐坐蟒"的先河。所谓"大红色坐蟒"，乃是有明一代最高贵的赐服。这种殊荣，却是一般人很难企及的：

"永顺伯薛勋及广宁伯刘佶俱乞赐蟒衣，上曰：蟒衣之赐系朝廷特恩，今后有如此者，必罪不恕。"（《明孝宗实录》）

"定国公徐延德宿卫，南郊请以蟒衣扈从，上曰赐蟒系出特恩，何辄自请，不许。"（《明世宗实录》）

"总督京营戎政、忻城伯赵世新奏，乞照例给盔甲蟒衣以便护卫，许之。礼部言蟒衣服色《会典》不载，陈乞已非，且凡有奏讨，无不下部议者，今若此，部覆可废乎？谓祖制，何不报？"（《明神宗实录》）

《明史·食货志》载：

"正德元年（1506年），尚衣监言：'内库所贮诸色纻丝、纱罗、织金、闪色蟒衣、斗牛、飞仙、天鹿，俱天顺间所织，钦赏已尽。乞令应天、苏、杭诸府依式织造。'"

在正德皇帝上任的第一年，内府库的高阶纹样的布料已经用完了，而这位皇帝是一个特别有趣的人，他行为放荡不羁，视封建秩序如儿戏，对于高阶纹样服饰的赏赐，他向来是毫不吝啬。除了前引史料中赏赐西南土官的例子以外，"应州大捷"后正德十三年车驾还宫的赏赐事件到今天看来仍然是一件令人兴奋的事情：

"赐群臣大红纻丝罗纱各一。其服色，一品斗牛，二品飞鱼，三品蟒，四、五品麒麟，六、七品虎、彪；翰林科道不限品级皆与焉；惟部曹五品下不与。"（《明史·舆服志》）

皇帝把内府库的库存全部拿出来，让京官们连夜赶制成曳撒服，第二天到城门去迎接皇帝的车驾。平日里文官们羡慕的高级纹样，简直是雨露均沾地发放到每一个京官的手里。更不用说皇帝还朝以后论功行赏，升赏叙荫共计五万六千四百多人，其中有很大一部分是冒功，而由于兵部和中官朋比为奸，这些冒功者到了嘉靖时期才受到处罚。在这期间，中官们大肆在锦衣卫和其他卫所部队里安插自己的亲属，并且恣意给他们封爵：

"平凉伯马山，提督东厂太监永成侄也。镇平伯陆永，监枪太监

闺侄也。皆冒永等恩泽封，后具革。马山虽贵，衣蟒围玉为永成汲水
浇花调马于庭，他亦往往类是。"（《皇明异典述》）

这位伯爵马山，没有任何的军功，可能连朝阳区都没有出过，只是因为他
是厂公马永成的侄子，就被封为伯爵，穿着蟒袍围着玉带在院里浇花喂马，直到嘉靖年间被革除了爵位。

不过武宗朝最后，蟒袍似乎已经不值钱了：

"壬戌自刘瑾专政以来，名器僭滥。以蟒鱼服色为黩货之资，武将阉臣下至厮养，陈乞纷然，时有五十两一件蟒之谣云。"（《武宗实录》）。

嘉靖年间，世宗皇帝对前任皇帝大量恩封赏赐这件事情意见特别大。皇帝革除了正德年间冒领军功的宦官子弟，裁汰了锦衣诸卫和内监局的冗员十四万八千七百人，把正德年间恩赏恩封的权贵子弟一多半都革除了，并且遣散了豹房的番僧道士和乐师，同时下诏重申了对禁用纹样的使用限制：

明武宗

"近来冒滥玉带，蟒龙、飞鱼、斗牛服色，皆庶官杂流并各处将领夤缘奏乞，今俱不许。武职卑官僭用公、侯服色者，亦禁绝之。"（《明史·舆服志》）

嘉靖十六年，

"兵部尚书张瓒服蟒。帝怒，谕阁臣夏言曰：'尚书二品，何自服蟒？'言对曰：'瓒所服，乃钦赐飞鱼服，鲜明类蟒耳。'帝曰：'飞鱼何组两角？其严禁之。'于是礼部奏定，文武官不许擅用蟒衣、飞鱼、斗牛、违禁华异服色。其大红纻丝纱罗服，惟四品以上官及在京

五品堂上官、经筵讲官许服。五品官及经筵不为讲官者，俱服青绿锦绣。遇吉礼，止衣红布绒褐。品官花样，并依品级。锦衣卫指挥，'侍卫者仍得衣麒麟，其带俸非侍卫，及千百户虽侍卫，不许僭用。'"（《明史·舆服志》）

兵部尚书张瓒也是属于没眼力见儿的，因此受到了皇帝的批评。而锦衣卫官员，在御前侍卫且有官职的，才允许服麒麟。带俸的挂名锦衣卫，或者御前侍卫而级别不够的，也不允许服麒麟服。需要皇帝下令规范赐服，足以说明在当时的社会蟒衣飞鱼已经泛滥到何种程度。

而到了万历年间，似乎对于锦衣卫官员的服饰又重新开禁了：

"至尊初登极，行郊祀大礼，其四品以上，及禁近陪祀官，俱赐大红织金紵袍。若恭谒诸陵及行大阅，则内阁辅臣俱赐蟒衣，或超等赐服，至鸾带金银瓢绣袋等物，以壮扈从。其次即日讲官，以至文武勋戚、部府大臣，俱沾绣带采带之赐。皆主上肇行大礼，特恩殊典一次耳。惟阁臣未及受赐者，则于嗣举补给，他官不尔也。又锦衣卫官登大堂者，拜命日即绣春刀鸾带大红蟒衣飞鱼服，以便扈大驾行大祀诸礼。其常朝亦衣吉服，侍立于御座之西，以备宣唤，其亲近非他武臣得比。以故右列艳之，名为武翰林。"（《万历野获编》）

看起来，神宗也毫不吝惜对文武大臣的赏赐。台北故宫博物院收藏的《出警入跸图》清晰地展现了皇帝前往昌平天寿山谒陵的仪仗，其中内官、锦衣卫、文武官员甚至乐师校尉等皆服色锦绣灿烂，可以清晰地看见其中

出警入跸图　局部

出警入跸图　局部

的织金蟒龙、飞鱼、斗牛的纹样。

　　而对于另一类人的封赏，嘉靖皇帝就更毫不吝啬了：

　　"文臣有未至一品而赐玉带者，自洪武中学士罗复仁始。衍圣公秩正二品，服织金麒麟袍、玉带，则景泰中入朝拜赐。自是以为常。内阁赐蟒衣，自弘治中刘健、李东阳始。麒麟本公、侯服，而内阁服之，则嘉靖中严嵩、徐阶皆受赐也。仙鹤，文臣一品服也，嘉靖中成国公朱希忠、都督陆炳服之，皆以玄坛供事。而学士严讷、李春芳、董份以五品撰青词，亦赐仙鹤。寻谕供事坛中乃用，于是尚书皆不敢衣鹤。后敕南京织闪黄补麒麟、仙鹤，赐严嵩，闪黄乃上用服色也；又赐徐阶教子升天蟒。万历中，赐张居正坐蟒；武清侯李伟以太后父，亦受赐。"（《明史·舆服志》）

　　孔门圣裔的衍圣公，历代封为伯爵，景泰年间开始赐织金麒麟袍并玉带。而内阁大学士身为文官，服用武官或者公侯的麒麟服色，也属于破例。嘉靖皇帝经常给臣下赐仙鹤纹样，这就跟皇帝信仰的道教有关系了。然而仙鹤纹样本来就在国家品官纹样体系中，本来应该是一品二品文官的服色，如此一来就造成了一定程度的混乱。严讷、李春芳等，以五品而获赐仙鹤服色，让皇帝自己也觉得不太妥当，然而已经说出去的话不能反悔，皇帝更是金口玉言，因此只好再下一道圣旨，说今后只能在进行宗教活动时才可以衣鹤，其余都不可以衣鹤。结果真正的二品官员们不敢穿仙鹤纹饰，只好穿锦鸡纹样的服装，而那三位五品大学士，则大摇大摆地穿着仙鹤服色四下招摇。王世贞是个老学究，为人很严谨，想来是不会故意抹黑嘉靖皇帝。有关内容，在王世贞的笔记《皇明异典述》中，更为详细：

"赐衣文武互异 嘉靖中,内阁严、徐、李皆赐服麒麟。麒麟,公侯服也。而成国公朱希忠、京山侯崔元、左都督陆炳等,以玄坛供事,特赐服仙鹤。仙鹤,文臣一品服也。成化以后,文臣赐麟不为异,而公、侯、伯武臣赐鹤则异矣。六公出入朝行,殆不可复辨。

五品鹤袍 嘉靖中,学士严讷、李春芳、董份,以五品撰玄词,特赐仙鹤袍。既而,上悔之,下谕谓'玄坛供事可用鹤,余则不可'。意盖为三臣也。而尚书皆自疑,不敢衣鹤,丞市锦鸡为饰,而三学士之衣鹤自若也。"

嘉靖年间著名的道士邵元节,在嘉靖十三年就获赐了蟒衣,后来官至礼部尚书,死后赠少师、赠谥号文康荣靖,可谓是位极人臣了。而他推荐给皇帝的另一个道士则更加倍受荣恩。

王琼事迹图册 局部(着织金仙鹤补)

"陶仲文于真人之外,加至少师兼少傅少保并拜三孤,带礼部尚书封恭诚伯,则文武极品矣。"(《万历野获编》)

陶仲文道士一开始只是黄梅县吏,后来做了辽东库大使,任满之后就开始了"北漂"生活,借住在邵元节府上。后来邵元节找了个合适的机会把他推荐给了皇帝,结果皇帝对陶道士是一见倾心,二十多年里找各种借口封赏他,抓了个间谍也归功于他,求雨成功也封赏他,等等。

陶仲文到底有什么本事呢?首先可能是算卦比较灵:

"十八年南巡,元节病,以仲文代。次卫辉,有旋风绕驾,帝问:'此何祥也?'对曰:'主火。'是夕行宫果火,宫人死者甚众。帝

益异之，授神霄保国宣教高士，寻封神霄保国弘烈宣教振法通真忠孝
秉一真人。"（《明史》）

其次，据王世贞的说法，他帮助皇帝生儿子：

"仲文立朝几二十年而不废，唯其呈内宫子嗣延法为最，传今上
之降复出此，信然。"（《古今杂抄辑录》）

储君乃国本，而皇帝天天操劳过度，往往性生活质量不高。陶真人的法术，
最主要还是能让皇帝可以提高生活质量，多生龙子龙女。嘉靖五十岁时，已有
五子八女，所谓"皇子叠生"，所以皇帝对他的荣宠实在是到了无以复加的
程度：

"嘉靖前后，赐真人陶仲文银十余万两、大红、金彩、绣织、蟒
龙、斗牛、云鹤、麒麟、飞鱼、孔雀、缎罗纱绢无虑数百袭，狮蛮玉
带、白玉带五围，金带一围，玉印二，金嵌宝冠、浑金冠、累丝冠、
如意七宝簪、金嵌宝石、金银水盂、金盘、银盘各十余副。"（《皇
明异典述》）

从这些记载中看来，前几年下旨要禁用蟒衣、斗牛、飞鱼的那个嘉靖皇帝
全然不见了呢。顺便提一句，嘉靖皇帝还创造过一些赐服，比如赐给大臣燕居时穿着的忠静冠服和保和冠服，另外他还做了几顶"香叶冠"送给他的"同修"：严嵩、夏言等人。

中官们由于靠近皇帝本人，因此普遍穿着高级的纹样，并形成制度。按《大政记》记载：

"永乐以后，宦官在帝左右，必蟒服，制如曳撒，

明宪宗元宵行乐图　局部

绣蟒于左右，系以鸾带，此燕闲之服也。次则飞鱼，惟入侍用之。贵

而用事者，赐蟒，文武一品官所不易得也。"（《万历野获编》）

原则上中官的服装很简单，都是些青色绿色的直身或是窄袖圆领袍，而到皇帝身边值班的时候，就不能穿得这么寒酸了。

于是在靠近皇帝的职位上，基本的服色就是曳撒、大红色、斗牛纹样，稍稍高级一点，就赐蟒和玉带。这种在外官看来是隆恩的特典，在内官体系中只是制度化的"升授"而已。到明末，大太监"九千岁"魏忠贤对这种殊荣尚不满足，还"发明"了一系列的花式服装，比如九梁冠、三膝襕曳撒等，如是种种，已经出了赐服的本分了，所以被称之为"服妖"。这种"服妖"的行为，也被视为不祥之兆——"断送了卿卿性命"，甚至预示了大明帝国的衰落。

明朝的官僚体系对前代是有继承的，但是也不无创新，赐服制度是自古以来的服章礼仪制度的集中体现，虽然偶有崩坏，但是大致上还是可以看出其所代表的森严的封建等级秩序，其主要作用还是维护皇权和怀摄文武大臣，在有明一代是非常重要的政治手段。接下来的章节，我们将详细讨论其具体的表现形式。

第二章

品官的纹章

丝绸制品，是皇帝向地方收取的贡赋中非常重要的一项。我国自古以来就有中央向地方征集特殊纹样的丝织品专用于皇室的传统，一些名贵的丝制品也常常出现在皇帝对诸侯的赏赐中，例如"五星出东方利中国"锦、"王侯宜子孙"锦。品官阶级的服章，理论上也是出自皇帝的赏赐。在更晚的时代，皇帝只是规定了官员们品级使用的服色纹章制度，而任由官员们自行定制自己的公服和常服。

唐代对各品级官员的服色和带饰有过一些规定：

"至唐高祖，以赭黄袍、巾带为常服。腰带者，搢垂头以下，名曰铊尾，取顺下之义。一品、二品銙以金，六品以上以犀，九品以上以银，庶人以铁。既而天子袍衫稍用赤、黄，遂禁臣民服。亲王及三品、二王后，服大科绫罗，色用紫，饰以玉。五品以上服小科绫罗，色用朱，饰以金。六品以上服丝布交梭双紃绫，色用黄。六品、七品服用绿，饰以银。八品、九品服用青，饰以鍮石。勋官之服，随其品而加佩刀、砺、纷帨。流外官、庶人、部曲、奴婢，则服绢施布，色用黄白，饰以铁、铜。"

"太宗时，又命七品服龟甲双巨十花绫，色用绿。九品服丝布杂绫，色用青。"（《新唐书·舆服志》）

其中提到的紫色和朱色的绫罗，无疑是高级官员们所专用的。

唐·李寿墓壁画

明代官员像

而在白居易《闻行简恩赐章服喜成长句寄之》中有"荣传锦帐花联萼，彩动绫袍雁趁行"的描述，其中白居易自注："绯多以雁衔瑞莎为之也"。"服绯"也是高级官员们的特权。我们可以得知绯色的官服，纹样大多数是"雁衔瑞莎"。白乐天的另外一首《初除官蒙裴常待赠鹘衔瑞草绯袍鱼袋》中则写道："鱼缀白金随步跃，鹘衔红绶绕腰飞"，进一步佐证了这一点。

武周时期，武则天曾经对高级官员和京师的卫戍部队授予了一次赐服，据《旧唐书·舆服志》载：

> "则天天授二年二月，朝集使、刺史赐绣袍，各于背上绣成八字铭。延载元年五月，则天内出绯紫单罗铭襟背衫，赐文武三品以上，左右监门卫将军等饰以对狮子、左右卫饰以对麒麟、左右武威卫饰以对虎、左右豹

韩熙载夜宴图　局部

韬卫饰以对豹、左右鹰扬卫饰以对鹰、左右玉铃卫饰以对鹘、左右金吾卫饰以对豸、诸王饰以磐石及鹿，宰相饰以凤池，尚书饰以对雁。"

这些绣袍的图案到底装饰在衣袍的什么位置，今天已经缺乏资料证明了。我们仅仅可以从传世名作《韩熙载夜宴图》中一位身穿"三团窠对雁衔绶袍"的侍女来大致推断这些对狮子、对麒麟、对虎等图案的位置。至于为何"对雁衔绶"如此高贵的图案会出现在侍女的身上，我想只能是因为韩熙载所处的时代已经是南唐晚期临近覆灭的时间了，通常一个王朝临近灭亡，常常是伴随着

礼乐崩坏的现象的。

晚唐五代时期，皇帝还有定期给大臣们赐时服的习惯。这个习惯在宋代仍然被继承，并且从原来只赐给一些重臣，推及所有的中央机构的百官：

"时服。宋初因五代旧制，每岁诸臣皆赐时服，然止赐将相、学士、禁军大校。建隆三年，太祖谓侍臣曰：'百官不赐，甚无谓也。'乃遍赐之。岁遇端午、十月一日，文武群臣将校皆给焉。是岁十月，近臣、军校增给锦衬袍，中书门下、枢密、宣徽院、节度使及侍卫步军都虞侯以上，皇亲大将军以上，天下乐晕锦；三司使、学士、中丞、内客省使、驸马、留后、观察使、皇亲将军、诸司使、厢主以上，簇四盘雕细锦；三司副使、宫观

宋太祖公服像

判官，黄狮子大锦；防御团练使、刺史、皇亲诸司副使，翠毛细锦；权中丞、知开封府、银台司、审刑院及待制以上，知检院鼓院、同三司副使、六统军、金吾大将军，红锦。诸班及诸军将校，亦赐窄锦袍。有翠毛、宜男、云雁细锦，狮子、练鹊、宝照大锦，宝照中锦，凡七等。应给锦袍者，皆五事；公服、

宋代公服展角幞头形象

锦宽袍，绫汗衫、袴，勒帛，丞郎、给舍、大卿监以上不给锦袍者，加以黄绫绣抱肚。"（《宋史·舆服志》）

建隆三年的这次改革，将"赐时服"的范围扩大到所有的在京官员，而且详细规定了各个品级职务适用的纹样。每位官员获赐的是包括衬衣在内的五件套，对于皇帝来说，这也是一桩很大的开销。这次的改革，给后世的官员服装制度留下了指导性的参考依据。

南京博物院藏《鹰击天鹅图》（明 殷偕）

《金史·舆服志》载：

"其从春水之服，则多鹘捕鹅杂花卉之饰，其从秋山之服，则以熊鹿山林为之。"

这种春山秋水的图案，辽代也使用很多。所谓春水，多是"鹰隼海东青捕天鹅"的图案，秋山则是"肥美猎物于山林"的图案。按"辽金起于渔猎"的说法，辽代的服章制度中加入了渔猎民族的特点。这系列图案在元代也十分流行。

金代公服沿用了宋的"展脚幞头"和"三等品色"，同样沿用还有自唐就存在的"腰带品级制度"，但金代对公服的创新是将品色和纹样（暗纹）合二为一，使公服品级不仅表现在颜色上，也表现在衣料的暗纹纹样上。这种将衣纹和品级关联的做法，深刻影响了后代建立的"胸背服章制度"：

"文资五品以上官服紫；三师、三公、亲王、宰相一品官服大独科花罗，径不过五寸；执政官服小独科花罗，径不过三寸；二品、三品服散搭花罗，谓无枝叶者，径不过寸半；四品、五品服小杂花罗，谓花头碎小者，径不过一寸；六品、七品服绯芝麻罗；八品、九品服绿无纹罗；应武官皆服紫；凡散官、职事皆从一高，上得兼下，下不得僭上，窄紫亦同服色，各依官制品格；其诸局分承应人并服无纹素罗。十五年制曰：'袍不加襕，非古也。'"

遂命文资官公服皆加襕（《金史·大定官制》）。

金·紫地云鹤金锦棉袍，黑龙江阿城金代

齐王墓出土（黑龙江省博物馆藏）

元文宗孛儿只斤

我们对比一下元明两代对于"公服暗纹"的规定：

"公服，制以罗，大袖，盘领，俱右衽。一品紫，大独科花，径五寸。二品小独科花，径三寸。三品散答花，径二寸，无枝叶。四品、五品小杂花，径一寸五分。六品、七品绯罗小杂花，径一寸。八品、九品绿罗，无文。"（《元史·舆服志》）

"洪武二十六年定文武官公服、用盘领右衽袍。或紵丝纱罗绢从宜制造。袖宽三尺。一品至四品、绯袍。五品至七品、青袍。八品九品、绿袍。未入流杂职官、袍笏带、与八品以下同　公服花样、一品用大独科花、径五寸。二品小独科花、径三寸。三品散答花无枝叶、径二寸。四品五品小杂花纹、径一寸五分。六品七品小杂花、径一寸。八品以下、无纹。"（《大明会典》）

明代公服展角幞头像　　　　　　　仿制公服方巾

　　我们可以看出，元、明对于纹样使用的等级秩序几乎完全一样。明初在继承了元代的疆域以后，对丝户们的工艺技术并没有提出更高的要求。我们完全有理由相信，明初的公服的原料，和元代公服几乎是完全一样的，但个别颜色明代不再大量使用，比如紫色，在明代的品色系统里面就消失不见了，据说是朱元璋觉得"恶紫夺朱"（寓意以邪压正）不吉利所以取消了。至于有些人认为元舆服里规定的这个"近取金宋、远法汉唐"只是装装样子，更有甚者认为这个舆服只是为汉官制定的，对于这一点，著名传统服饰研究者董进先生已有论述。据董先生的说法，元代汉人为官者，几乎都到达不了三品以上，因此元舆服中关于"法服"的详细规定，完全是适用于蒙古人和色目人的。关于元代的法服和明代对元代法服的继承，我们将在后面的章节作具体的讨论。还有一个例子，也可以佐证董进先生的观点：辽代一开始规定南面官和北面官不同的服饰，可是到了辽后期，不论南北面都使用了汉服作为祭服和法服，因为相比于草原文明，中原农耕文明的服装制度要完美得多。

草原人是喜爱中原农耕文明的产品的，虽然草原君主也出过元昊这种坚持本民族特色的情况。但是绝大多数草原君主在"君临中原"以后，就会高高兴兴地"汉化"，迅速的接受中原的文化，

包括服章制度，对十二章纹的传承就是一个很好的例子，这个我们将在下一章作详细的讨论。

波斯细密画

明代在建国之初，出于政治的考量，喊过"恢复周制"的口号，但事实上明代的服章体系还是大体上承袭了前代而加以创新。除了前引文献中指出明代对于元朝官员"服色纹饰制度"的延续，明代的冠服体系里面还有一个开创性的特点，即是将辽金元贵族阶层中流行的胸背装饰引入到了明代的公服体系。

所谓胸背，即在锦袍的胸背处用刺绣方式增加一块大面积的装饰。通常有"胸背方补"和"通肩柿蒂窠"两种形式。

明万历 织锦藏蓝地柿蒂过肩龙纹袍料　明代首辅王锡爵的绛红地八宝纹亮地花罗斗牛方补袍（复制品）局部

其中胸背方补是两块位于前胸后背的方形饰块；而通肩柿蒂窠则是围绕整个肩部和胸背处的大块图案，又称为"云肩纹"，元典章中所禁止的"绕身的大龙"即是此类。明后期，当装饰成为一种固定的等级制度的时候，胸背装饰

又增添了缂丝、织金、闪色、五彩妆花等工艺手段，甚至演变成了一个独立的装饰片，可以随时拆卸。这是因为织锦的袍服，通常要一次性把主体部分的图案织成完整的一大块袍料，然后再剪裁成锦袍。因此，早起往往是在锦袍的关键部位加上刺绣的纹饰。而胸背饰片，相对于衣服是独立的，需要时即可以缝缀在相应的部位，这样较小的饰片比较容易完成对成本的控制，并且小块织物，对工艺和织机的要求要稍微低一点。

胸背方补纹样

其图案内容，通常是一些与动物相关的内容，比如辽金元的统治阶级是来自草原贵族，因此特别喜欢春水秋山等狩猎题材的图案，中原王朝也一直有用鸟兽纹饰来比喻文采和威武的传统。

明代刺绣补子

明洪武二十四年，皇帝规定了公、侯、伯、驸马的公服上使用的纹饰是麒麟和白泽；风宪官用獬豸；文、武官员各个品级使用的纹饰，文官用禽鸟，用以象征文人的文采，武官用猛兽，用以象征武士的勇武。这些纹饰，通常是用"胸背方补"的形式出现，即民间所谓"补子"。明代独创性地规定官员公服的服色、暗纹、补子三合一的品级辨识系统，被后代所借鉴和沿用：

"二十四年定，公、侯、驸马、伯服，绣麒麟、白泽。文官一品仙鹤，二品锦鸡，三品孔雀，四品云雁，五品白鹇，六品鹭鸶，七品鸂𪆰，八品黄鹂，九品鹌鹑；杂职练鹊；风宪官獬廌。武官一品、二品狮子，三品、四品虎豹，五品熊罴，六品、七品彪，八品犀牛，九品海马。"（《明史·舆服志》）

甘肃榆中县博物馆藏明初《方氏像谱》 诰命夫人织金补服

这种补服制度，实际上是对前代服色制度的一个补充进步。按宋代承袭唐制，对官员的身份辨识是通过服色、带和鱼袋；到了元代，还多了衣饰的暗纹来区分等级；到了明代，除了服色、腰带、腰牌、暗纹以外，还多了"补子"来区分等级，再加上朝服的"梁冠"和"大绶制度"，就形成了明代的完整森严的品官冠服体系。

但是明代的官制中，往往散官的品阶要高于官职的品阶，所以造成了一定程度的混乱：官员的公服是应该按照散官的品阶穿着，还是按照职官的品阶穿着？明代官员一般都选择按照履历中的最高品级来穿着；而武官们却往往因功恃宠，往往越级穿着高阶的纹饰，或穿着公侯的麒麟服；即使是低阶的武官，也动辄穿着狮子服，导致自熊罴以下到海马的纹样，都很少制造甚至几乎绝迹了。

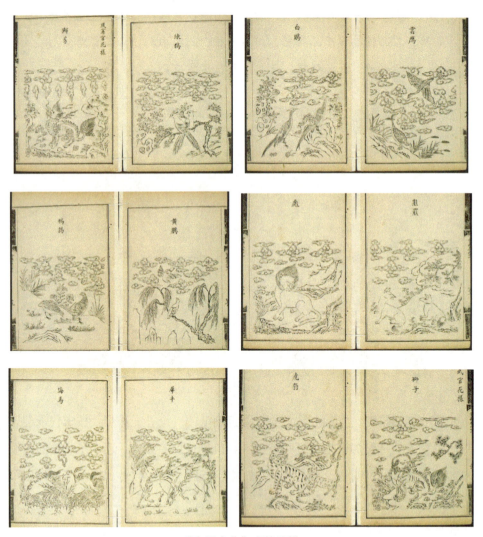

《大明会典》中的纹样

孔雀单禽补服 江苏省美术馆藏　　　江苏徐蕃墓 孔雀织金补

明代的文献《大学衍义补》是呈献给皇帝的经筵讲义，其中有如下记载：

"太祖建隆三年，给中书门下、枢密、宣徽、节度使及侍卫步军都虞侯以上、皇亲大将军以上天下乐晕锦，三司使、学士、中丞、内客省使、驸马、留后观察使、皇亲将军、诸司使、厢主以上簇四盘雕细锦，三司副使、宫观判官黄狮子大锦，防御团练使、刺史、皇亲诸司副使翠毛细锦，权中丞、知开封府、银台司、审刑院及待制以上、知检院鼓院、同三司副使、六统军金吾大将军红锦，诸班及诸军将校亦赐窄锦袍，有翠毛、宜男、云雁细锦、狮子、练鹊、宝照大锦、宝照中锦凡七等，应给锦袍者皆五事。

臣按：此宋朝给赐锦袍之制。锦凡数样，皆为鸟兽之形。我朝定制，品官各有花样，公、侯、驸马、伯绣麒麟白泽，不在文武之数，文武官一品至九品皆有应服花样，文官用飞鸟，象其文彩也，武官用走兽，象其猛鸷也，定为常制，颁之天下，俾其随品从以自造，非若宋朝官为制之，岁时因其官职大小而为等第以给赐之也。上可以兼下，下不得以僭上，百年以来文武率循旧制，非特赐不敢僭差。惟武臣多有不遵旧制，往往专服公、侯、伯及一品之服，自熊罴以下至于海马非独服者鲜而造者几于绝焉，伏请申明旧制，违者治之如律，盖本朝

明末清初汉族妇女容像

无金紫之赐，所以辨章服者实有在于《元志》：仁宗延祐元年，定服色等第，惟蒙古不在禁限。

臣按：元朝服色虽禁不许服龙凤文，然所谓龙者五爪一角者尔，其四爪者上下通用不禁。逮我圣朝立为定制，凡品官常服用杂色䌷丝、绫罗彩绣，庶民止用紬绢纱布，及凡官员、军民、僧道人等衣服、帐幔并不许玄、黄、紫三色并织绣龙凤文，违者罪及染造之人。嗟乎，礼所以辨上下、定民志也，而上下之辨、心志之定，必由于耳目之所见闻、身体之所被服，自其显著者而禁革之，所以潜消其非分之望、密遏其过求之心于隐微之中，此先王制礼之深意、杜乱之微权也。"

明代补子

从该段落透露的信息显示，明代制定的品官服饰制度，很大程度是承袭了宋代以来"赐时服"的传统，特别是明代独创的"胸背补子系统"的品级纹样设定，其设计灵感来源宋代的赐服锦样；而关于服饰纹样的禁限，则跟元朝的"禁限"一脉相承。但其单独提出"龙纹禁限"的问题，即元朝禁限中的龙纹指的是两角五爪的龙。而明朝则是把所有龙纹和亚龙纹都划归到"禁限"一类。

表 2　明代官服品阶

服制品级	朝服				公服			常服补子纹样	
	朝冠	带	绶	笏	颜色	花纹	带	文官	武官
一品	七梁	玉	玉珮，云凤四色花锦，绶环二，用犀	象牙	绯袍	大独科花，径五寸	花玉、素玉	仙鹤	麒麟
二品	六梁	花犀				小独科花，径三寸	犀	锦鸡	狮子
三品	五梁	金钑花	玉珮，云凤四色花锦，绶环二，用金			散答花无枝叶，径二寸	金荔枝	孔雀	虎豹
四品	四梁	素金						云雁	虎豹
五品	三梁	银钑花	药玉珮，四色盘雕花锦，绶环二，用银镀金		青袍	小杂花，径一寸五分	乌角	白鹇	熊罴
六品	二梁	素银	药玉珮，三色练鹊花锦，绶环二，用银			小杂花，径一寸		鹭鸶	彪
七品				槐木				鸿雁	彪
八品	一梁		药玉珮，二色鸂鶒花锦，绶环二，用铜		绿袍	无		黄鹂	犀牛
九品		乌角						鹌鹑	海马
未入流								练鹊	
风宪官								獬豸	

注：明代官服品阶服制一览表，参考张志云《明代服饰文化研究》湖北人民出版社（2009年）。

到了清代，由于服制的变迁，补子的尺寸变小，前胸的补子也从整个四方形补子变为两个长条形拼合成的四方形补子。清代的礼服最外面是一件石青色的"端罩"，端罩的胸背也缀有方补或者团补，团补通常是亲王郡王所服，有八团、六团、四团、两团之别。最高级的八团补子分别位于胸背、两肩、两前襟和两后襟。而品官所用方补，尺寸较明朝要小一些，图案上也有一定的区别，例如明代文官补子一般是一双禽鸟在云中上下相对飞翔的姿态，而清代是单只的禽鸟立于或飞翔于云纹背景的寿山福海之上。

清代补子

第三章

皇室专用的纹章

受到影视剧的影响，一提到皇室专用的纹章，普通人首先想到的就是明黄底色的龙图案。这样的观点也对也不对，在中国最后一个封建帝制王朝——清朝，的确是把龙的图案作为皇室的标志，甚至一度把龙旗作为国旗使用。龙的图案也充斥在清朝皇帝的日常生活中：除了龙袍以外，各种旗帜、伞盖、幔帐等都绣满了金龙，甚至各种生活用具上，都爬满了龙纹。

皇室使用的龙纹和蟒纹

为什么说这个说法不对呢？这是因为在古代中国，代表皇室权威的纹样远不止龙。而且龙纹在很长的一段历史时期内，除了天子服用，朝廷重臣也是可以服用的。

中国传统中代表皇帝权威的纹章，统称"十二章纹"，装饰着十二章纹的衣服，就是冕服。冕服的主要作用是用于祭祀活动。冕服一共分为六等，其中最高级的"大裘"，从来就只有皇帝本人才可以服用，服用的场合，也仅仅是"祭祀昊天上帝"这样的最高祭祀场合。十二章纹据说上古时期就有了，在《周礼》成书的年代固定成形。"十二章纹"即是通过十二个图案来代表君王的美德和威严。《尚书·益稷》中说：

"予欲观古人之象，日、月、星辰、山、龙、华虫，作会（绘）；宗彝、藻、火、粉米、黼、黻，絺绣，以五采彰施于五色，作服。汝明。"

这是有关十二章纹最早的记载。起初，"十二章纹"样只是因为其寓意美好而普遍受到人们的喜爱。日月星辰取其明，山取其人所仰，龙取其变化，华虫取其文理，宗彝取其忠孝，宗彝上虎和蜼的图案取其严猛和智，藻取其洁净，火取其光明，粉米取其养人，黼取其决断，黻取其向善背恶之意。而东汉初年，孝明皇帝制定礼仪制度，把十二章纹样和周礼中规定的"六冕"制度结合起来，自此十二章纹就从江湖之间走到了庙堂之上，正式成为了国家利益的一部分。从"天子、三公、九卿……祀天地明堂，皆冠旒冕，衣裳玄上纁下，乘舆备文，日月星辰十二章，三公、诸侯用山龙九章，九卿以下用华虫七章，皆备五采"（《后汉书·舆服》）中，我们可以看到，在汉代，祭祀天地以及身处明堂的时候，皇帝和诸侯、三公九卿都穿着旒冕，区别只在于十二章纹样的递减。然而，三公和诸侯的服饰，除了不可以使用"日月星辰"以外，龙的纹样是允许使用的！也就是说，在十二章纹作为礼仪制度刚刚建立的时候，龙纹是天子和三公以及诸侯共享的，而"日月星辰"才是皇帝独有的纹样。

表3 周礼服冕规格一览

冕服的等级	人员的等级	冕服的章数	冕服的纹章	冕服的纹章
大裘冕	王	十二章	日、月、星辰、山、龙、华虫	藻、火、粉米、宗彝、黼、黻
衮冕	公	九章	龙、山、华虫、火、宗彝	藻、粉米、黼、黻
鷩冕	伯、侯	七章	华虫、火、宗彝	藻、粉米、黼、黻
毳冕	子、男	五章	宗彝、藻、粉米	黼、黻
絺冕	孤	三章	粉米	黼、黻
玄冕	卿、大夫	一章		黻

注：参见阎步克《服周之冕——周礼六冕礼制的兴衰变异》（中华书局2009）。

《隋书·仪礼》中的记载让我们得以一窥古时帝王最隆重的大礼服的样子：

明岐阳王冕服像

　　"于左右髀上为日月各一，当后领下而为星辰，又山龙九物，各重行十二……衣质以玄，如山、龙、华虫、火、宗彝等，并织成为五物：裳质以纁，加藻、粉米、黼、黻之四。衣裳通数，此为九章，兼上三辰（指日、月、星），而备十二也。"

"肩挑日月""背负星辰""玄衣纁裳"，也就是大礼服——衮服最基本的元素。

"玄衣"指的是黑色的上衣，两肩上有日月，后领子下有星辰，山、龙、华虫、火、宗彝织在上衣上（古时候是画在上衣上）。

"华虫"指的是雉鸡，"宗彝"指的是有虎和金丝猴图案的酒具，这两个是周礼里制定的"六彝"之二，在古时候是举行"裸祭"的时候使用的。

暗红色的下裳，藻、粉米、黼、黻绣在其上。"藻"代表清洁的意思；"粉米"即是白米，今天我们说到"粉色"大多数指的是粉红色，而古时候用粉来形容白色，小说里常常说的"粉底皂靴"即白底子黑靴。

"黼"即是钺，上古时代的重要礼器，其原型是兵器。在商代的古墓里发现过用于礼仪的钺。古时候皇帝在任命上将军的时候，会授予他一柄钺，以示将杀伐决断的权力交给将军。"黻纹"是好像一对正反相背的弓字，这个古老的纹样可以追溯到中华民族的源头：传说黄帝"垂裳而治"，他的衣裳上就是这个纹样。在许多陶器时代的考古发现中，都发现这个纹样，这也从侧面印证了这个传说。

表4　唐宋臣服冕一览表

	大裘冕	衮冕	鷩冕	毳冕	绣冕	玄冕	
皇帝	无章旒	十二章旒	七章	五章	三章	一章	
一品		九章九旒					
二品			七章七旒				
三品				五章五旒			
四品					三章四旒		
五品						一章三旒	
六品至九品							爵弁

注：参见阎步克《服周之冕——周礼六冕礼制的兴衰变异》（中华书局2009）。

到了宋代，衮服的制度基本上还是沿用了隋代制定的规制：

"玄衣纁裳，十二章：八章在衣，日、月、星辰、山、龙、华虫、火、宗彝；四章在裳，藻、粉米、黼、黻。衣褾领如上，为升龙，皆织就为之。山、龙以下，每章一行，重以为等，每行十二。"

并且，

"间以云朵，饰以金钑花钿窠，装以真珠、琥珀、杂宝玉。"（《宋史·舆服志》）

但宋代衮服的设计趋向华丽，在各种纹章中间，排布着云纹并且缀有珍珠和各种宝石，领子上也绣上了龙纹。与衮服配套的十二旒冕，更是华丽异常：

定陵出土蔽膝和复制品　　定陵出土裳（复制）

"宋初因五代之旧，天子之服有衮冕，广一尺二寸，长二尺四寸，前后十二旒，二纩，并贯真珠。又有翠旒十二，碧凤御之，在珠旒外。冕版以龙鳞锦表，上缀玉为七星，旁施琥珀瓶、犀瓶各二十四，周缀金丝网，钿以真珠、杂宝玉，加紫云白鹤锦里。四柱饰以七宝，红绫里。金饰玉簪导，红丝绦组带。亦谓之平天冠。"（《宋史·舆服志》）

中国的儒生从来不会允许这种肆无忌惮的奢侈。于是，北宋年间由于文臣的谏诉，服制也一再改革：

宋·陈用之《礼书》衮冕示意图

"仁宗景佑二年……由是改制衮冕。天版元阔一尺二寸，长二尺四寸，今制广八寸，长一尺六寸。减翠旒并凤子，前后二十四珠旒并合典制。天板顶上，元织成龙鳞锦为表，紫云白鹤锦为里，今制青罗为表，采画出龙鳞，红罗为里，采画出紫云白鹤。所有犀瓶、琥珀瓶各二十四，今减不用。金丝结网子上，旧有金丝结龙八，今减四，亦减丝令细。天板四面花坠子、素坠子依旧，减轻造。冠身并天柱，元织成龙鳞锦，今用青罗，采画出龙鳞；金轮等七宝，元真玉碾成，今更不用，如补空却，以云龙细窠。分旒玉钩二，今减去之。天河带、组带、款慢带依旧，减轻造。纳言，元用玉制，今用青罗，采画出龙鳞锦。金棱上棱道，依旧用金，即减轻制。黈纩，玉簪。

衮服八章，日、月、星辰、山、龙、华虫、火、宗彝，青罗身，红罗襈，绣造。所有云子，相度稀稠补空，更不用细窠，亦不使真珠装缀。中单，依旧皂白制造。裙用红罗，绣出藻、粉米、黼、黻，周回花样仍旧，减稀制之。蔽膝用红罗，绣升龙二，云子补空，减稀制之，周回依旧，细窠不用。六采绶依旧，减丝织造。所有玉环亦减轻。

带头金叶减去，用销金。四神带不用。剑、佩、梁、带、韠、舄并依旧。"（《宋史·舆服志》）

景佑二年的这次改革，天子的衮冕去掉了很多奢华的装饰：原先的翠旒翠、凤凰犀瓶、琥珀瓶、真玉碾成的金轮七宝一概减去不用；旒冕上原有的织锦图案，均改为成本低廉的彩绘；衣服上原缝缀的珠宝也一并减去；其余的部分都做了减量的处理。然而文臣似乎仍然不满意：

"英宗治平二年，知太常礼院李育奏曰：郊庙之祭，本尚纯质，衮冕之饰，皆存法象，非事繁侈、重奇玩也。冕则以《周官》为本，凡十二旒，间以采玉，加以纮、綖、笄、瑱之饰。衮则以《虞书》为始，凡十二章，首以辰象，别以衣裳绘绣之采。东汉至唐，史官名儒，记述前制，皆无珠翠、犀宝之饰，何则？鹬羽蟀胎，非法服所用；琥珀犀瓶，非至尊所冠；龙锦七星，已列采章之内；

南宋·孔子像展现通天冠 衮服

紫云白鹤，近出道家之语，岂被衮戴璪、象天则数之义哉！自大裘之废，颛用衮冕，古朴稍去，而法度尚存。"（《宋史·舆服志》）

最终在政和年间，更定了衮冕制度：

"政和议礼局更上皇帝冕服之制：冕版广八寸，长一尺六寸，前高八寸五分，后高九寸五分。青表朱里，前后各十有二旒，五采藻十有二就，就间相去一寸。青

碧锦织成天河带，长一丈二尺，广二寸。朱丝组带为缨，黈纩充耳，金饰玉簪导，长一尺二寸。衮服，青衣八章，绘日、月、星辰、山、龙、华虫、火、宗彝；纁裳四章，绣藻、粉米、黼、黻。蔽膝随裳色，绣升龙二。白罗中单，皂褾、襈，红罗勒帛，青罗袜带。绯白罗大带，革带，白玉双佩。大绶六采，赤、黄、黑、白、缥、绿，小绶三色，如大绶，间施玉环三。朱韠，赤舄，缘以黄罗。"（《宋史·舆服志》）

这次议定，即体现了"去奢从简"，也不失庄严。后来明太祖朱元璋在制

定衮冕制度的时候，很大程度上参考了《政和新议》。而《政和新议》中关于"群臣祭服"的规定，恐怕是天子最后一次跟大臣们分享龙纹了：

"政和议礼局言：'大观中，所上群臣祭服制度，已依所奏修定，乞付有司依图画制造。'既又上群臣祭服之制：正一品，九旒冕，金涂银棱，有额花，犀簪，青衣画降龙，朱裳，蔽膝，白罗中单，大带，革带，玉佩，锦绶，青丝网玉环，朱韈、履。革带以金涂银，玉佩以金涂银装，绶以天下乐晕。亲祠大礼使、亚献、终献、太宰、少宰、左丞，每岁大祠宰臣、亲王、执政官、郡王充初献服之。奏告官并依本品服，已下准此。"（《宋史·舆服志》）

宋徽宗御真

自此以后，官方的文献里再也看不见群臣可以服用龙纹的记载，龙纹彻底成为皇家专有的纹章。到了徽宗宣和年间，一品官的祭服就变成"大袖无龙"了。

即便如此，也无法阻止我国人民对"龙"的喜爱。元代以后，各种各样的类似"龙"的纹样不断被发明创造出来，这种称之为"亚龙纹"的纹样一度在民间十分盛行，而政府也一再申明对龙纹的禁止：

"诸章服，惟蒙古人及宿卫之士，不许服龙凤文，余并不禁。谓龙，五爪二角者。"（《元史·刑法志》）

元贞元年，

"禁用五爪双角缠身龙、五爪双角云袖襕、五爪双角答子等、五爪双角六花襕。"

大德元年，

"中书省奏：街市卖的段子，似上位穿的御用大龙，则少一个爪儿，四个爪儿的织着卖有。……胸背龙儿的段子织呵，不碍事，教织者。似咱每穿的段子织缠身大龙的，完泽根底说了，随处遍行文书禁约，休教织者。"（《通制条格》）

元·缂织帝后曼荼罗

　　以上说明元朝的统治阶级并不禁限街市上制作售卖亚龙纹织物，只要不是"五爪两角"的"缠身大龙"即可。而成书在元朝的朝鲜史料《朴通事谚解》，这是一部学习中国话以及到中国经商旅行的教科书，其中描写的情景中也多次提到了"蟒龙"的织物和衣服：

赵丰先生绘制元代通肩龙纹大袍纹样

　　"我猜这的大红绣五爪蟒龙，经纬合线结织，上用段子，不是诸王段子，也不是常行的，不着十二两银子，买不得他的。"

　　"又有一个舍人打扮的，白麂皮靴子，鸦绿罗纳绣狮子的抹口。青绒毡袜上，拴着一对明绿绣四季花护膝。柳绿蟒龙织金罗帖里，嵌八宝骨朵云织金罗比甲，柳黄饰金绣四花罗搭护，八瓣儿铺翠真言字妆金大帽上，指头来大紫鸦忽顶儿，傍边插孔雀翎儿。"（《朴通事谚解》）

　　一个来自高丽的普通商人，也可以接触到"大红绣五爪"的蟒龙，可见街市上的百姓对龙纹的热情有多么高。这些"龙纹"和"亚龙纹"在明代又发展出一系列的变种，我们在下一个章节会作具体的讨论。

元代的衮冕比较有特色,其特色就是"密集而成"。我们来看看以下的记载:

"至元十二年十一月,博士议拟:冕天版长一尺六寸,广八寸,前高八寸五分,后高九寸五分,身围一尺八寸三分,并纳言,用青罗为表,红罗为里,周回缘以黄金。天版下四面,珠网结子,花素坠子,前后共二十有四旒,以珍珠为之。青碧线织天河带,两头各有珍珠金翠旒三节,玉滴子节花全。红线组带二,上有珍珠金翠旒,玉滴子,下有金铎二。梅红绣款幔带一,黇纻二,珍珠垂系,上用金萼子二。簪窠款幔组带钿窠各二,内组带窠四,并镂玉为之。玉簪一,顶面镂云龙。衮衣,用青罗夹制,五采间金,绘日、月、星辰、山、龙、华虫、宗彝。正面日一,月一,升龙四,山十二,上下襟华虫、火各六对,虎蜼各(阙)对,背星一,升龙四,山十二,华虫、火各十二对,虎蜼各六对。中单,用白罗单制,罗领褾襈。裳一,带褾襈全,红罗八幅夹造。上绣藻、粉米、黼、黻,藻三十二,粉米十六,黼三十二,黻三十二。蔽膝一,带褾襈,红罗夹造八幅,上绣升龙二。"(《元史·舆服志》)

元代华容墓泥金纹样

元代的衮服上是密密麻麻的"五彩间金绘画"的十二章纹,每个纹章的数量达到几十个之多。据说元代的衮服是受到金代衮服的影响:

"衮,用青罗夹制,五彩间金绘画,正面日一、月一、升龙四、山十二,上下襟华虫、火各六对,虎、蜼各六对。背面星一、升龙四、山十二,华虫、火各二十对,虎、蜼各六对。中单一,白罗单制,罗领、褾、襈。裳一,带、褾襈,红罗八幅夹制,绣藻三十二,粉十六、米十六、黼三十二、黻三十二。蔽膝一,带、褾、襈,并红罗夹制,绣升龙二。"(《金史·舆服志》)

从《金史·舆服志》中可以看出金、元服制之间的承继关系。也许是草原民族共同的审美，元代继承了金的这种"密密麻麻"的风格。目前的考古发现，尚没有发现任何可以窥见金元两代衮冕的图像或者实物资料，因此我们只能根据文字来想象这种密密麻麻的衮冕了。

除了大裘冕、衮冕以外，尚有鷩冕、毳冕、絺冕、玄冕四等冕服。这四等冕服，是作为二品以下的官员的祭服，自宋以后，就不再实行官员以"冕服"为祭服的制度了。明初皇帝在建立冕服制度的时候，有学士陶安奏请"恢复五冕"，太祖皇帝以"此礼太繁"为理由拒绝了，后来只恢复了衮冕，其余五等就没有恢复。明代对衮冕一共作过四次规定，其中以永乐三年的规定最为详细：

"永乐三年定，冕冠以皂纱为之，上覆曰綖，桐板为质，衣之以绮，玄表朱里，前圆后方。以玉衡维冠，玉簪贯纽，纽与冠武（足前体下曰武，绥在冠之下，亦曰武），并系缨处，皆饰以金。綖以左右垂黈纩充耳（用黄玉），系以玄紞，承以白玉瑱朱纮。余如旧制。玉圭长一尺二寸，剡其上，刻山四，以象四镇之山，盖周镇圭之制，异于大圭不瑑者也。以黄绮约其下，别以囊韬之，金龙文。衮服十有二章。玄衣八章，日、月、龙在肩，星辰、山在背，火、华虫、宗彝在袖（每袖各三），皆织成本色领褾襈裾（褾者袖端，襈者衣缘）。纁裳四章，织藻、粉米、黼、黻各二，前三幅，后四幅，前后不相属，共腰，有辟积，本色綼裼。裳侧有纯谓之綼，裳下有纯谓之裼，纯者缘也。中单以素纱为之。青领褾襈裾，领织黻文十三。蔽膝随裳色，四章，织藻、粉米、黼黻各二。本色缘，有纰，施于缝中。玉钩二。玉佩二，各用玉珩一、瑀一、琚二、冲牙一、璜二；瑀下垂玉花一、玉滴二；瑑饰云龙文描金。自珩而下系组五，贯以玉珠。行则冲牙、二滴与璜相触有声。金钩二。有二小绶，六采（黄、白、赤、玄、缥、

绿）繐质。大绶，六采（黄、白、赤、玄、缥、绿）繐质，三小绶，
色同大绶。间施三玉环，龙文，皆织成。袜舄皆赤色，舄用黑絇纯，
以黄饰舄首。"（《明史·舆服志》）

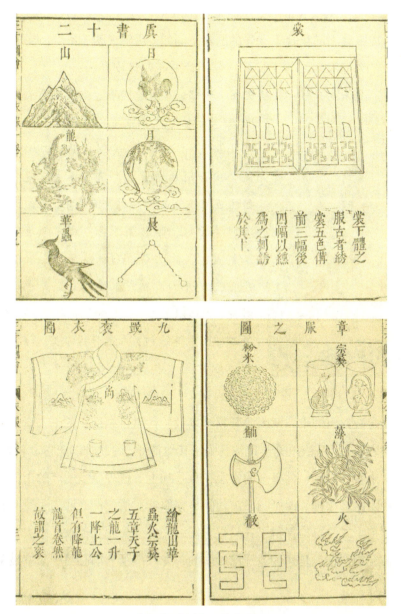

三才图会 衮冕十二纹章示意图

永乐三年的规定详细指出穿着衮冕时需手持四镇之圭，腰挂玉组配。后来在嘉靖八年亦作过些改动，但是关于玉圭和组配的规定并没有变化。

明代皇帝虽然没有了六冕，但是除了衮冕以外，仍有通天冠服、皮弁服、武弁服、常服等不同场合下穿着的服饰。例如"朔望视朝、降诏、降香、进表、四夷朝贡、外官朝觐、策士传胪"等场合就需要穿皮弁服：

明成祖朱棣像

"皇帝皮弁服：朔望视朝、降诏、降香、进表、四夷朝贡、外官朝觐、策士传胪皆服之。嘉靖以后，祭太岁山川诸神亦服之。其制自洪武二十六年定。皮弁用乌纱冒之，前后各十二缝，每缝缀五采玉十二以为饰，玉簪导，红组缨。其服绛纱衣，蔽膝随衣色。白玉佩革带。玉钩䚢，绯白大带。白袜，黑舄。永乐三年定，皮弁如旧制，惟缝及冠武并贯簪系缨处，皆饰以金玉。圭长如冕服之圭，有脊，并双植文。绛纱袍，本色领褾襈裾。红裳，但不织章数。中单，红领褾襈裾。余俱如冕服内制。"（《明史·舆服志》）

至于定陵出土的十二章团龙圆领袍以及历代皇帝画像上的十二章团龙袍，虽然叫作衮服，可是依愚见不具备衮服的其他特征，因此难以把它定名为衮服。从用途上来看，它是一件皇帝的常服，只是加上了代表皇室威严的十二章纹。不过这种团龙圆领袍深深影响了清代的皇家服饰。清代彻底取消了冕服制度，但是仍然把十二纹章给保留了：只把它们缩小并融会到其他纹样中去，仅仅突出硕大的龙纹。这就是这一节开篇所说的：龙纹成了人们心目中皇室最重要的标志性纹样。

明孝宗朱祐樘像

三才图会冠冕示意图

冕服和皮弁服的复原，是笔者和雪飞与"洞庭汉风"的一项尝试性的合作。其中的内容包括旒冕、衮服、皮弁服、十二章纹圆领袍、玉镇圭、玉组配。

鲁荒王墓出土九旒冕

九旒冕复原实物图（正面）

九旒冕的复原主要参考了明代鲁荒王墓出土的九旒冕。冕由冠武、金簪、綖板、旒等部分组成。"冠武"是冠的主体部分，出土的九旒冕是以竹篾编成，表以漆纱，边缘饰有金条；冠武两侧各有金质簪孔和缨子孔，供贯金簪以及系缨用。"綖板"前圆后方，表以漆纱；板下有一玉衡，玉衡以金丝固定于綖板上、卡于冠武凹槽之中以固定；

玉衡两侧各有玉孔垂青纩充耳于两侧，充耳以青色玉珠为之，直径 1.2 厘米；前后九旒，每旒九珠，珠分五色。冠武直径 17.6 厘米，高 17.9 厘米；綖板长 49.4 厘米，宽 23.5 厘米；玉衡长 22.5，宽 1.5 厘米厚 1.2 厘米；金簪长 30.5 厘米。

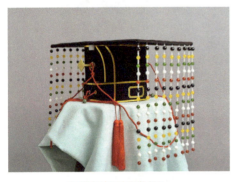

九旒冕复原实物图　　　　　　九旒冕复原实物图（侧面）

　　在复原的时候，主要参数基本依据九旒冕的相关资料，考虑到实际条件，材质上作了一定程度的简化。例如：实物中大量使用了黄金制作金簪、金池、簪钮、缨钮以及以金条压边等，而我们在制作的时候只追求外观相似，材质上选用了较普遍的金属材质；冠武部分使用了 PV 板做胎，以铁丝定型，表以黑色织物；金池和簪钮缨钮部分采用了明代以来沿用至今的捶揲技术制成；綖板的材质采用了较轻的装饰板材，冒以黑色织物；根据文献记载，綖板内侧应当是朱红色，然而文物却是黑色的，我们考虑再三，决定还是以文物为依据；玉衡以及旒的材质，我们选取了明代可以获得的天然玉料作为材质，例如白玉、玛瑙、青金石等；充耳珠的材质选用的是一对翡翠珠。

　　衮服，根据《明史·舆服志》的记载：

　　　　"衮，玄衣黄裳，十二章，日、月、星辰、山、龙、华虫六章织于衣，宗彝、藻、火、粉米、黼、黻六章绣于裳。白罗大带，红里。蔽膝随裳色，绣龙、火、山文。玉革带，玉佩。大绶六采，赤、黄、黑、白、缥、绿，小绶三，色同大绶。间施三玉环。白罗中单，黻领，青缘襈。"

洪武二十六年又更定为"玄衣纁裳"。我们在制作的时候，最后根据的是永乐八年的制度：

"衮服十有二章。玄衣八章，日、月、龙在肩，星辰、山在背，火、华虫、宗彝在袖，每袖各三。皆织成本色领襈裾。褾者袖端。襈者衣缘。纁裳四章，织藻、粉米、黼、黻各二，前三幅，后四幅，前后不相属，共腰，有辟积，本色綼裼。裳侧有纯谓之綼，裳下有纯谓之裼，纯者缘也。中单以素纱为之。青领襈裾，领织黻文十三。蔽膝随裳色，四章，织藻、粉米、黼黻各二。"（《明史·舆服志》）

黑色上衣，纁色下裳。八章在衣，日月龙在肩，背负星、山。火、华虫、宗彝在袖，每袖各三。下裳淡红色，绣有藻、粉米、黼、黻

玄衣纁裳复原实物图

各二。蔽膝也是淡红色，绣有藻、粉米、黼黻各二。白色中单，领子上绣有黼黻十三个。大带素色。并有大绶、玉佩和小绶。

同时我们也复原了定陵出土的玉圭——四镇之圭。玉圭长 26 厘米，宽 6 厘米，厚 1 厘米。上面琢刻有四座山，代表"四镇之山"。

"玉组佩"是礼服的重要组成部分。根据《舆服志》所载：

"玉佩二，各用玉珩一、瑀一、琚二、冲牙一、璜二；瑀下垂玉花一、玉滴二；象饰云龙文描金。自珩而下系组五，贯以玉珠。行则冲牙、二滴与璜相触有声。金钩二。"

我们也作了相应的复原。

需要说明的是，"四镇之圭"与"十二章衮服"是天子服用的。而"九旒冕"则是皇太子、亲王也可以服用。天子的十二旒冕与九旒冕的区别仅仅在于"旒的数量不同"和"簪子的材质不同"。十二旒冕的簪子为玉簪。做完九旒冕以后，由于精力有限，暂时还没有制作十二旒冕，待有合适的机会再补上这个缺环。

玉镇圭（出土文物与复制品）

鲁荒王墓出土的皮弁，以竹编成胎，冒以黑纱；前后各有九缝，缝两边微微凸起；缝中压有金线，金在线缀有五色彩珠；前后各钉有一个倭角长方形金池；两侧各有簪钮一缨钮二，以金制成；配有金簪一根。

我们在复原的时候，以铁丝扎成框架，并在上面加裹了一些织物，使它形成文物一样的形状；最后在外面覆盖了黑色织物，用传统工艺制作了捶揲的金池和簪钮缨钮。在制作金簪的时候，由于实心的金簪重量实在太沉了，于是我们想办法改良成"空心金簪"，最后组装在一起，达到与出土文物一致的外观效果。

皮弁复原实物

与皮弁相配的绛纱袍，由于没有相关的文物作为参考，我们参考了文献"绛纱袍，本色领褾襈裾。红裳，但不织章数。中单，红领褾襈裾。余俱如冕服内制"，以红色上衣本色领缘，下着红裳；无纹章；蔽膝随裳色；大绶和玉佩以及小绶，由于文献记载与冕服相同，因此我们没有另外制作，而是与衮冕服使用同一套大绶小绶玉佩；另外再配上明制玉带。

皮弁相配的绛纱袍复原实物

　　旒冕与皮弁服在今天能够使用的场合不多，除了皇家级别的祭祀场面复原以外，其他场合并不适合。在 2017 年的一场婚礼中，我们根据古时候"摄盛"的传统习俗使用皮弁服作为新婚亲迎的礼服、使用旒冕服作为"合卺同牢"的礼服，虽然涉嫌"奢僭"，但是由于现在已经到了 21 世纪，王侯将相已经不复存在，所以我们觉得，能够把传统的大礼服作为今天的新人婚礼的礼服，也是适古为今、物尽其用的一种方式；另外，使用冕服作为婚礼服，也使古老的服饰焕发新彩，使婚礼更具庄严典雅的气氛。

日本孝明天皇仿中国制度冕服

　　2017 年 3 月，王翼凌在工作中，遇到了一个有趣的顾客。这位顾客提了一个之前我们没有遇到过的要求：复原一件衮服。

　　衮服简称"衮"，是古代皇帝及上公的礼服，与冕冠合称为"衮冕"，是古代最尊贵的礼服之一，一般为皇帝在参加祭天地、宗庙及正旦、冬至、圣节等重大庆典的活动时穿的礼服。

中国传统服饰，一直具有很强的阶级属性，不论是区分官员品级，还是区分士农工商，对衣服的料子、纹饰，都有着严格的规定。

一开始，王翼凌礼貌地拒绝了那位顾客的要求，理由是店铺现在没法提供这个服务。然而拒绝之后，他却陷入了沉思，他还是挺想接受一下衮服复原这个充满挑战性的工作的。

王翼凌的主业是游戏策划，在繁忙的工作之余，他也会做一些将传统服饰与现代流行元素进行结合的设计工作，先后出过一些诸如蒸汽朋克汉元素、暗黑系汉元素的设计，并形成了自己的品牌。只是，这种纯复原的工作，与自己品牌所倡导的传统与现代结合的理念，是格格不入的。

暗黑系唐圆领＋对襟半臂　　　　　　　　蒸汽朋克皮质裋褐

他陷入了两难，一直在思考两个问题：

第一，传统服饰复原工作与子品牌设计理念的矛盾。

第二，衮服复原完成之后，会不会因为其本为皇帝专用而引来相关不必要的争论。

最终，他想到解决这两个矛盾的办法。

针对第一个问题，王翼凌认为，可以只复原出衮服上的纹样，然后将其用在现代衣服（如 T 恤）上，这样便不违反品牌的设计理念。针对第二个问题，王翼凌则通过查阅相关资料得知，十二章纹（衮服上的纹饰）最早并非只是皇帝专属，而且十二种图样，也都各自象征着美好的意义或品德。因此，从这个角度上来说，复原十二章纹的图样，是有一定积极意义的。更何况，自汉服复兴运动开展以来，民间仅有极少量复原十二章纹的研究，从学术以及美学角度来说，将十二章纹弃之不用，也是很可惜的。如果将其做出来，也算是为传统服饰的复原作些许努力。

于是，从那天开始，一直到之后的 9 个月里，王翼凌便断断续续地投入这项工作当中。

首先是选取素材。王翼凌通过查阅《大明会典》等资料得知，明朝在洪武十六年（公元 1383 年）定下了衮冕制度。中国传统衮服分为上衣与下裳两个

黄缂丝十二章福禄如意纹衮服

部分，衣裳以龙、日、月、星、山、华虫、宗彝、藻、火、粉米、黼、黻为饰，一共十二种纹饰，称为"十二章纹"。

日、月、星并称为"三光"，取"照临"之意。

山，能行云雨，人所仰望，取镇重之意。

龙，变化无方，取其神。

华虫，为雉，文采昭著，取其文。今人一般认为与之最接近的动物为红腹锦鸡。

宗彝，为宗庙的祭器，绘有虎、蜼（一种长尾猴）二兽，取其祀享之

红缂丝十二章四合云纹衮服

意。而另一种说法则认为，虎，取其刚猛之意；蜼，则取其智慧。

藻，水草之有文者，取其洁，取其文。

火，取其明，取其炎向上之意。

粉米，即白米，取其洁白，可养人。

黼，作为斧的形状，刃白而銎黑，按照八卦方位，白为西方，黑为北方，黑白之交（西北方）为八卦中的乾位，乾为天，为阳，因此象征刚健能断。

黻，形状类似"亚"，又有认为是古"弗"字，取"拂弼"之意。另一说则认为，是两个"己"字或两个"弓"字相背，取背恶向善之意。

明定陵出土文物中，衮服共有 5 件。其中刺绣品 3 件，红色底料；缂丝品 2 件，底色为一红一黄，此 5 件均为袍服式样。考虑到人们对于影视剧中皇帝的印象，多为身着黄色龙袍，因此王翼凌决定选择红缂丝的那件作为复原物件，以期尽量减少"皇帝"的感觉。

然后是绘制。绘制工作前前后后大概花了三个月的时间。由于王翼凌在游戏策划的本职工作中多次使用 visio 这个软件，比较熟悉，因此选取了这个软件进行绘制，而没有选择主流平面设计软件 AI。事后得知，这其实是一个错误，因为若能一开始选择 AI，则绘制效率会提高很多。

蓝色团龙半成品

三种颜色团龙的成品

日、月、星辰

宗彝

粉米、藻、火

黼、黻

十二章纹图案绘制完毕之后，下一步工作便是图案的排版。因为衣服图案采取成幅印刷工艺，即先在一整块布上印出所有图案，再进行剪裁、缝制，因此排版工作显得尤为重要，这要求对"衮服"的衣服形制要有深入的了解。

华虫

根据定陵出土衮服实物及《大明会典》记载，袍服为圆领，领部纽襻扣，大襟处用罗带二对系结，袖为大袖；袍身在腰部两侧钉有带襻，用以悬挂革带；袍前后片各用团龙三，两肩团龙二，两侧双摆各团龙二（双摆缝合）；两肩用日月二章（左日右月），袍前后片用宗彝、藻、火、粉米、黼、黻六章，各作两行排列；背后列五色星辰；下用山纹二，各列于六章之上；两袖各用华虫二。

衮服排版效果图

最后是成衣。在成衣的制作过程中，又有一些小波折，先后做过三版。

第一版的衣服，由于对花预留的空隙太多，导致前胸、后背处的"团龙对花"出现严重问题，而不得不放弃，重新制作第二版；而第二版则由于团龙两侧竖排六章图案与团龙空隙过多，导致实际成衣右衽处的六章被剪裁掉了一半。

经历这两次小波折之后，第三版的衮服，总算达到了王翼凌的要求，实际效果也比较出彩。

衮服成衣图

表5 皇帝、皇太子、亲王冕服对比（洪武二十六年服制）

着装者身份	冕冠			冕服			蔽膝颜色	绶带颜色	玉圭	鞋头
	丝绳	旒数	充耳质料	衣服纹样	衣服颜色	衣领上的纹样				
皇帝	十二匝	十二旒	黄色锦球，黄色玉	十二章	玄衣纁裳	黻纹十三个	六种色彩	六种色彩	一尺二寸	黄色装饰
皇太子	九匝	九旒	青色锦球，青色玉	九章	玄衣纁裳	黻纹十一个	四种色彩	三种色彩	九寸五分	黑色装饰
亲王	九匝	九旒	青色锦球，青色玉	九章	青衣纁裳	黻纹十一个	四种色彩	三种色彩	九寸二分五厘	黑色装饰

注：亲王的冠服除了以上提供的冕服、皮弁服、常服之外，在嘉靖七年又增加了保冠服。

西塘汉服文化周武备演练（一）

西塘汉服文化周武备演练（二）

西塘汉服文化周武备演练（三）

西塘汉服文化周武备演练（四）

第四章

因"以示荣宠"而降颁的纹章

根据郑玄的说法，"衮"的意思就是卷曲的龙。因此"衮服"指的就是饰有龙的衣袍。在宋以前，衮服和九旒冕一直是作为皇帝的第二等礼服，而太子、王爵、公爵、一品官都是可以在某些礼仪场合服用衮冕的。虽然唐代开始一直有关于品官服衮涉嫌僭越的议论，可是皇帝和王公勋臣们却一直这么愉快地"尊卑相乱"着（唐孙茂道语）。自从北宋末年，取消了"一品官以衮作为祭服"的规定以后，"龙"就彻底成为皇室专属的纹样了。

唐代铜鎏金龙　赤足金龙

唐代之所以有这种关于"尊卑相混"的议论，和唐代以及唐代之前的政治局面有关：在唐代之前很长的一段时间内，中国处于所谓的"门阀政治"的时代，所谓门阀，即世代相传的士族高门，门阀垄断了政府中大部分的权力机关，形成可以跟皇权相抗衡的能力，而且这种权力是世袭的，这样就形成皇帝和高门贵族共享天下的局面；衣冠南渡之后，军事贵族开始慢慢崛起。李唐起自军事贵族关陇集团，关陇集团中的代表即是北周的八柱国，李唐和宇文、独孤等都是八柱国中的重要势力。在李唐建国的战争中，这些鲜卑系军事家族都贡献了自己的力量，甚至有些家族还跟李唐联姻，还有一些突厥系的武力家族投靠了李唐。虽然李唐建立的是高度中央集权的王朝，可是对于这些曾经并肩战斗而且仍然兢兢业业替李皇帝开疆辟土或者戍守的军事贵族给予了很大的优待和尊崇。当这种尊崇体现在礼仪活动的时候，保守的读书人就发出了皇权尊严、尊卑不可相乱的议论。

其实这种尊卑相乱的情况，一直到封建王朝的终结，也没有停止过。中国最后一个皇帝溥仪，还曾经赐过一件"龙袍"给张作霖，希望他可以成为擎天白玉柱，架海紫金梁。

一方面，皇帝拥有绝对的权威，皇帝御用的纹饰有着至关重要的象征意义。另一方面，皇帝常常将这些御用的纹饰颁赐给权臣，这时的赏赐所代表的恩典往往是大于物质意义的。其结果对于馈赠的双方都是满意的——皇帝并不消耗很多的内帑，而获赐者却欢欣鼓舞，龙纹的赏赐更是有着非凡的意义：皇帝并不把你当外人。

陇西王 李贞

南京博物馆收藏了陇西王李贞的画像，画像上的李贞，身穿蓝色衣袍，腰系玉带；而衣袍的图案赫然是五爪过肩大龙和小团窠龙纹。这件龙袍的来历，笔者不曾在资料中查到。但是李贞是朱元璋的姐夫，很早就投靠了他，朱元璋对他的情谊很深，而且李贞为人谨慎，生活也很简朴，可以推想这件龙袍应是朱元璋恩赐给他的。

　　明初许多异姓勋臣都获得了王爵的封赏，比如徐达、沐英、张玉、朱能、常遇春、李文忠等，这些人应该都有资格穿着衮冕。北京故宫博物院还收藏有两张岐阳王李文忠和他的儿子曹国公李景隆的画像，这两张画像现在很少展出，只有流传在网络的两张照片。这两张照片是研究明初衮冕的重要资料：画像中李文忠父子坐在宝座上，头戴九旒冕，身穿深色上衣和红色下裳；手持玉圭；上衣的两肩分别有一条升龙和一条降龙，衣袖上有山、华虫、火和宗彝；下裳上有黻纹，蔽膝上有山、火两章。这个画像和明代的文献记载是一致的：

　　　"皇太子冠服：陪祀天地、社稷、宗庙及大朝会、受册、纳妃则服衮冕。洪武二十六年定，衮冕九章，冕九旒，旒九玉，金簪导，红组缨，两玉瑱。圭长九寸五分。玄衣纁裳，衣五章，织山、龙、华虫、宗彝、火；裳四章，织藻、粉米、黼、黻。白纱中单，黻领。蔽膝随裳色，织火、山二章。革带，金钩䲆，玉佩。绶五采赤、白、玄、缥、绿织成，纯赤质，三百三十首。小绶三，色同。间织三玉环。大带，白表朱里，上缘以红，下缘以绿。白袜，赤舄。……亲王、郡王及世子俱同。"（《明史·舆服志》）

韩国振兴文化院绘制的冕服示意图

前文说过，自宋末以后皇帝就不再跟臣子们分享龙纹了。而这些"异姓封王"而获赐龙纹的勋臣们，无疑是获得了被皇帝视为亲族的荣耀。

明人的笔记里还有一个获得朱元璋赏赐大红圆领龙袍的人，属于其中的另类：

"南京留守中卫指挥、举武进士第一人解元家，有其先祖解道像，年二十许，乌纱矮冠，服高皇帝所赐衮龙袍，二军士持刀剑侍立，又有高皇帝御书'解道'二字，字用朱书，大不及一寸，纸高四寸许，长六七寸许。元父晓常言：道之祖与高皇帝微时有旧，即大位后，召其人，问有五子，悉令从军，三子殁于阵，后二子亦死。高皇帝心怜之，命抱其孙至，为赐今名，手书予之。既书，问左右：'字佳否？'中涓或对曰：'道字差小。'高皇帝怒曰：'道何得言小邪？'命斩之。授道为今官，长而职隶青州卫。高皇帝一日召问解老：'而孙安在？'具言官山东。高皇帝立命兵部调京卫，时年甫弱冠耳。一日，道入朝，与张真人遇，真人于班中与道拱手。时禁百官入朝者不许行拱揖礼，纠仪者劾真人不敬。高皇帝召诘所以，真人对曰：'臣不敢言，言则道死矣。'固问之，真人曰：'道乃天上黑煞神，故臣为加礼耳。'高皇帝乃命道上殿，解大红团领衮龙袍赐之。道顿首谢，归至其家，未入室而死。此出王丹丘先生所记，且云其字，家人以朱红盒子贮之，与像皆万历戊子仲夏十七日亲于解元家见者，言当不妄。真人云云，恐涉傅会，但衣之画以龙文，必有以也。"（《客座赘语》）

这本书成书于万历年间，搜罗了南京一些市井异闻传说。文中所述的"解元"及其先祖"解道"是真实的历史人物，而文中的赐服事件却在正史里没有找到。里面有这么一个细节："解大红团领衮龙袍赐之"。"解"这个动作，笔者认为是"皇帝脱下自己龙袍"的意思；因此在明人的观念里，明初这种赐服仪式往往带有偶发性，似乎皇帝一时兴起就脱下自己的外衣赏赐给臣下、而不是通知有司负责颁发赐服；而伴随着这个动作的，是亲近之感油然而生。前引开平王常遇春的画像，据常氏后人的介绍，该龙袍也是皇帝脱下自己的龙袍赐给常遇春的。我们似乎可以推测：出身寒微的皇帝朱元璋，常常用这种手段来笼络人心。

同样的，皇帝也经常给附属国的君主赐服，其中包括冕服和各种高级织物。纵观明史，获得明朝赏赐的附属国有：朝鲜、日本、琉球、安南、占城、暹罗、真腊、爪哇、满喇加、苏门答腊、苏禄国、渤泥国、百花国、吕宋、婆罗、南巫里、阿鲁国、失剌比、榜葛剌、锡兰山等国。当这些国家遣使来朝时，皇帝有时也会赐予使节高级纹样的赐服。著名的例子是宋素卿：宋素卿本是浙江人，后来移民到了日本，成为细川氏的家臣；正德年间，宋素卿代表细川氏出使明朝，以千金贿赂刘瑾，获得了飞鱼服的赏赐；不过在嘉靖年间由于宋挑起"宁波事变"又被褫夺了。明朝的皇帝特别热衷于这种赏赐，以满足他"四海归心"的虚荣心。对于朝鲜、琉球这些比较忠心的属国，皇帝也是不吝厚赐的。建文年间，皇帝给朝鲜国王李芳远的敕书中如此说道：

"日者陪臣来朝，屡以冕服为请，事下有司，稽诸古制，以为：'四夷之国，虽大曰子，且朝鲜本郡王爵，宜赐以五章或七章服。'朕惟《春秋》之义，远人能自进于中国则中国之。今朝鲜固远郡也，而能自进于礼义，不得待以子男礼，且其地邈在海外，非特中国之宠数，则无以令其臣民。兹特命赐以亲王九章之服，遣使者往谕朕意，呜呼！朕之于王，显宠表饰，无异吾骨肉，所以示亲爱也。王其笃慎忠孝，保乃宠命，世为东藩，以补华夏，称朕意焉。"

对其的宠溺和笼络跃然纸上。而朝鲜自此也时时处处以小中华自居，"衣冠文物，悉同上国"。

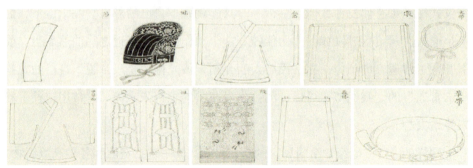

李朝《丧礼补编·图说》中所绘制衮龙袍、翼善冠、网巾、玉带及靴等物

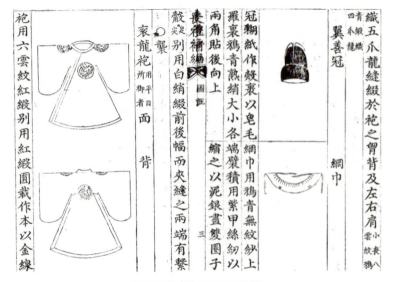

景泰元年朝鲜王世子赐服

前文谈到，唐代以及武周时期就有皇帝赏赐给大臣们特殊纹样的锦袍的案例。宋代继承了五代皇帝给重臣赐"时服"的惯例，并且将其推及所有的中央机构官员。宋代的《舆服志》中大量记载了赐给大臣们的各色锦样，如"翠毛、宜男、云雁细锦，狮子、练鹊、宝照大锦，宝照中锦"

明赐样式 琉球公服麒麟袍

等。到了元代，则是各种织金刺绣纹饰大行其道。元代除了御用的五爪团龙，其余龙纹不禁。

清末越南龙纹

菱格万字龙纹花绫

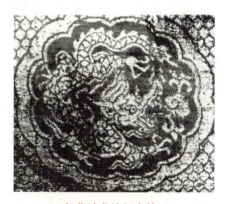

龟背地龙纹织金锦

罗地刺绣龙纹边饰

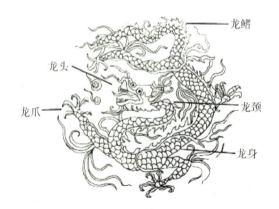

龙鳍

龙头

龙爪

龙颈

龙身

织金大袖袍云龙胸背

刺绣团窠龙纹

对龙对凤两色绫

如意云龙纹锦

首都博物馆藏元代磁州窑白地
褐彩龙纹罐

我们来看看《朴通事谚解》中的一段描写：

"午门外前看操马去来。夜来两个舍人操马，一个舍人打扮的，脚穿着皂麂皮嵌金线蓝条子、卷尖粉底、五彩绣麒麟柳绿纻丝抹口的靴子。白绒毡袜上，拴着一副鸦青段子满刺娇护膝。衫儿、裤儿、裹肚等里衣且休说，刺通袖膝栏罗帖里上，珊瑚钩子系腰，五六件儿刀子，象牙顶儿，玲珑龙头解锥儿，象牙细花儿挑牙，鞘儿都全。明绿抹绒胸背的比甲，鸦青绣四花织金罗搭护，江西十分上等真结综帽儿上，缀着上等玲珑羊脂玉顶儿，又是个鹅鹠翎儿。骑着一个墨丁也似五明马。鞍子是一个乌犀角边儿慢玳瑁，油心红尽水波面儿的鞍桥子。雁翅板上钉着金丝减铁，红斜皮心儿，蓝斜皮细边儿，金丝夹缝的鞍座儿。黄獐皮软座儿。蓝斜皮细边刺灵芝草羊肝漆毡，银丝珥狮子头的花镫，电皮心儿蓝斜皮边儿的皮汗替，大红斜皮双条辔头，带缨筒，秋皮束儿、秋根都是斜皮的。攀胸下滴溜着一个珠儿网盖儿罕答哈。又有一个舍人打扮的，白麂皮靴子，鸦绿罗纳绣狮子的抹口。青绒毡袜上，拴着一对明绿绣四季花护膝。柳绿蟒龙织金罗帖里，嵌八宝骨朵云织金罗比甲，柳黄饰金绣四花罗搭护，八瓣儿铺翠真言字妆金大帽上，指头来大紫鸦忽顶儿，傍边插孔雀翎儿。骑着一个十分脿铁青玉面马。鞍子是雪白鹿角边儿，时样的黑斜皮鞍桥子，银丝事件。红斜皮心儿，蓝斜皮边儿的座儿。天青描金狮子鞧，底下垂下着两个青珠儿结串的驼毛肚带。白斜皮秋皮辔头，攀胸下滴溜着珠结子的盖儿，野狗尾子罕答哈。两个舍人打扮的风风流流，蹿的那马一似那箭，真个是好男儿。"

元代在纹样方面流行的是蟒龙、麒麟、狮子等纹样。明代皇帝赏赐的纹样，也继承了这种流行趋势。

明代的赐服纹样，大致有这几种：蟒龙、蟒、飞鱼、斗牛、麒麟。另外还有一些特别的节庆应景纹样，比如正月的灯景、钟馗捉鬼，端午的艾虎五毒，七夕的鹊桥相会，中秋的玉兔，重阳的菊花，腊月的葫芦，万寿节的寿字等。有些特殊的情况下，仙鹤也会作为赏赐的纹样，颜色上以大红为贵。赐给宗教人士的，通常都是金襕法衣。能够获得赐服的人群，则是围绕皇帝为中心的：皇亲国戚、勋贵、高阶的内官、侍卫的首领、衍圣公、龙虎山张真人、著名大和尚、西藏大喇嘛、前来朝贡的外国君主、内附和投降的部落领袖，后来推及内阁首辅、会写青词的大学士等人。《七修类稿》中回忆武宗宠幸刘瑾钱宁导致赐服之滥：

"正德间，前有中宫刘瑾，后有指挥朱宁，皆擅主权。及籍家资，刘瑾计有金二十四万锭，又五万七千八百两，元宝五百万锭，银八百万又一百五十八万三千六百两，宝石二斗，金甲二，金钩三千，玉带四千一百六十二束，狮蛮带二束，金银汤五百，蟒衣四百七十袭，牙牌二匮，穿宫牌五百，金牌三，衮衣四，八爪金龙盔甲三千，玉琴一，玉瑶印一颗，以上金共一千二百五万七千八百两，银共二万五千九百五十八万三千六百两。朱宁计有金七十扛，共十万五千两，银二千四百九十扛，共四百九十八万两，碎金四箱，碎银十匮，金银汤四百，金首饰五百十一箱，珍珠二匮，金银台盏四百二十副，玉带二千五百束，金条环四箱，珍珠眉叶缨络七箱，乌木盆二，花盆五，沉香盆二，金仙鹤二对，织金蟒衣五百箱，罗钿屏风五十座，大理石屏风三十三座，围屏五十三扛，苏木七十扛，胡椒三千五十石，香椒三十扛，缎疋三千五百八十扛，绫绢布三百二十扛，锡器磁器三百扛，佛像一百三十匮，又三十扛，祖母绿一尊，铜铁狮子四百车，铜盆五百，古铜炉八百三十，古画四十扛，白玉琴一，金船二，白玉琵琶一，铜器五十扛，巧石八十扛。呜呼！胡椒八百解，珊瑚七尺高，以其为侈，著之史册；以今较之，未知孰多孰寡，此非生民膏血耶？"

就滥赐封赏，浪费民脂民膏之事，历代大臣屡屡上疏皇帝提倡节俭，又屡禁不止，内阁大学士王恕曾上疏孝宗，请求：

"迸逐刺麻番僧法王佛子国师，革罢传奉冗员，追回滥赏庄田蟒衣等项。裁抑奢侈奔竞。凡此数事。皆坏名器、损国体、伤民财、臣民所不欲而不能革，非一日矣。陛下一旦而尽革之。此天下臣民。所以称颂而爱戴之也。夫何未久而又滥升内官如此。若复滥赏庄田蟒衣。将见前数事。不数年复如旧矣。言甚切，直欲天下臣民，称颂而爱戴之如今日。恐不可得。此天命去就，人心离合之谶也。可不慎与？（《国朝征献录》卷之三十九 《陈言辅治奏状》"升赏冒滥"王恕）

各种蟒衣的纹样

　　一般来说，大红蟒衣是最高贵的赐服，蟒衣的纹样，基本上跟龙是一样的，唯一的区别就是龙有五爪而蟒只有四爪。明初的龙纹，承袭了宋元两代的龙纹，龙头较小而长发，体型瘦长，姿态灵动，多是侧面。从装饰的位置来看，有胸背方补，也有胸背两肩的四团补；还有一种龙尾在右肩，龙身绕过后背，龙头从左肩下来直到左前胸的，图案面积较大，整个装饰图案呈云肩形的，这种就是元典章中所谓"缠身大龙"，即通肩柿蒂窠纹样。到了明中期以后，又出现了一种"坐龙"。坐龙即正面向的龙纹。坐龙的等级要比普通的龙纹高级，原先只有内官中地位最高者才能获赐。第一个获赐这种"坐蟒"的文官是张居正。另外还有一种"教子升天蟒"，徐阶曾经获赐一件：图案大概是一条大蟒在上身，衣服的下摆处有若干小蟒纹。工艺方面，除了五彩妆花、织金以外，还有所谓的闪色；闪色即用两种颜色是丝线织成，不同的光线角度下呈现不同的颜色，这原本是皇室专用的，明中期以后亦赏赐给大臣：

> "嘉靖庚申，上敕南京织闪黄补麒麟仙鹤纱衣各一副，赐分宜。
> 闪黄色惟上得用之。甲子，赐华亭教子升天蟒衣一件，上手择有珠者。
> 万历甲戌，上以江陵辞功赏，特赐坐蟒，已后赐皆如之；而最后武靖
> 侯李伟以太后父沾焉。坐蟒者，惟司礼大瑞掌印久为上所重者得此赐，
> 然累代不数人，即勋旧所不与也。"（《皇明异典述》）

"内官服蟒"是历来的传统，这是由于内官独特的身份。内官们一旦净身入宫，理论上就跟自己的家族一刀两断了，即使死了，也是由内官们的机构负责殡葬。因此内官是皇帝的家奴，情感上跟皇帝十分亲近，并且内官时时要随王伴驾，因此穿着高级服饰也是礼仪上的需要；因此内官只要进入司礼监，即可服用斗牛，升迁到皇帝近前，就可以服蟒了。而文官服蟒，则是位极人臣，官居一品也不易得：

> "永乐以后，宦官在帝左右，必蟒服，制如曳撒，绣蟒于左右，
> 系以鸾带，此燕居之服。蟒衣是显贵之物，非特赐不可服，高官也轻
> 易不可得……贵而用事者，赐蟒，文武一品官所不易得也。"（《明
> 史·舆服志》）

文官赐蟒应该是始于李东阳、谢迁、刘健三位。弘治十五年大明会典修成，为了表彰三位主编，特赐了蟒袍玉带，开了"大学士赐蟒"的先河。明史中有大量关于赐予文武官员"大红织金"胸背服饰的条目，大部分赐予的都是本等的织金胸背补子，大概是因为明初期官员常服的补子都是彩色的，织金的补子非钦赐不可随意服用。而大红色的织物，除了二品以上的官员以外，其他人也得通过特赐或者借服才可以服用。例如嘉靖中大学士李春芳等因为"玄坛供事"而特赐大红云鹤服；又如出使朝鲜的正使一般是以正七品的给

事中担任、副使由八品的行人担任，但是执行出使任务时，借穿一品服色，回国复命后缴回。此外，担任经筵讲官，官员任期结束考满，或者丁忧以及致仕，都有可能获得高阶的"超等赐服"。而在权相张居正的身上，这种恩典还恩及了他的父母：皇帝听说张居正年逾古稀的父母尚健在的时候，特下旨赐予二老蟒服。

　　锦衣卫堂上官者，指的是锦衣卫中负责随扈御驾左右的高级军官，不同于其他官员，这种官员自拜命之日起，就可以穿着大红蟒衣或者飞鱼服，腰配绣春刀。皇帝御驾出行的时候，他们需要随侍在王驾左右，上朝时候也需要身穿吉服侍立于御座西侧，以便皇帝随时宣唤，时人称之为"武翰林"。自景泰年以后，锦衣卫的指挥使、指挥同知等高级官员，无论级别高下，一律服麒麟以上服色，这也是因为"环卫近臣，不比他官"而获得的特殊恩典。

明式蟒龙法衣

晚明织绣众神纹样高功法衣

清代绢本《金瓶梅全图》中"黄真人发牒荐亡"所描绘的明代道士大红鹤氅

焦秉贞绘斋醮设祭图局部 清代道士身着织金麒麟补服

　　蒙古、女真和西南、西北的少数民族领袖和土官，也经常获得皇帝的厚赐，其中高级纹样的赐服也常常在赏赐物品的清单中。皇帝用赐服的形式来怀柔戍守在帝国边疆的少数民族领袖，而少数民族的领袖们也以获得这样的赐服为荣。根据清人的笔记，跟西南山区少数民族贸易的时候，当地的人民还以前朝旧绣袍为珍。

日本神座用明代飞鱼袍料　　　　　　　　用明代袍料制成的清代藏袍

笔者和雪飞君，在 2012 年曾经以孔府旧藏为蓝本，做过一件复原飞鱼服的作品。该件飞鱼服为香色五彩间通肩柿蒂窠膝襕飞鱼纹样，其形制是曳撒袍。孔府收藏有大量的明代高级服饰文物，其中这件香色飞鱼服的图案十分古朴特殊，所以引起了雪飞君的兴趣。雪飞君从事动漫游戏产业，由于职业的关系，他有感于这些年受到外来文化的冲击，我们传统文化中一些美好的事物已经不复存在。博物馆中的一些标本，展示了我们的祖先曾经创造出无比灿烂的文明和美好的事物，然而普通民众们对这些美好关注度实在太低。看见这件藏品的时候，雪飞君就萌生了复制一件可以穿在身上的飞鱼服的想法。由于当时还没有民间个人和团体关注明代高阶纹样的复原制作，因此网络上可以获得的资料非常有限。这件香色飞鱼服仅在山东省博物馆公开展示过一次，清晰的照片也很难获得，这给复原工作造成了巨大的困扰。而越是没有人做过的，越容易激发创作者的斗志。雪飞君买来手绘颜料和布料，请当时汉服界的权威"姑苏陈"将布料按照曳撒的形制裁成样板，即开始了手工绘制飞鱼服的创作。在图案绘制的过程中，由于资料图片很模糊，因此膝襕和袖襕部分的图案只能根据相对比较清晰的胸部和背部的图案来进行设计。雪飞君根据明代亚龙纹的一些特征，以及这件衣服其他部位的图案的审美逻辑，推断了膝襕和袖襕部分的图案应当是行龙姿态的飞鱼纹，再根据自己理解的明代审美情趣加入了诸如海水和杂宝一类的装饰纹样。由于该项工作十分耗费时间和精力，当年还是知名游戏公司美工的雪飞君每天只能用业余时间来完成设计和创作，就这样整整耗时三个月的时间才完成了绘制工作，最后进行缝制。于是，便诞生了第一件由民间个人"一己之力"复原的明代通肩柿蒂窠膝襕飞鱼服实物。该作品一经发表，即引起了广泛的社会关注。

　　2013 年，应工作室队员的要求，雪飞君又绘制了五彩妆花通肩柿蒂窠膝襕飞鱼纹样，该纹样用于成员射艺研习团体的队服的制作。在绘制过程中，他参考了明代存世的蟒服文物、日本妙法院藏丰臣秀吉蟒袍以及麒麟袍和孔府旧藏的蟒袍等，原创绘制了通肩柿蒂窠飞鱼的纹样。

明 孔府旧藏 香色飞鱼袍

明代通肩柿蒂窠膝襕飞鱼服实物

明代飞鱼服复原

明代中期（约 1525 年）织物上的摩羯纹样

飞鱼是一种传说中的生物，据
说原型来自印度教的摩羯。《山海
经·海外西经》："龙鱼陵居在其
北，状如狸（或曰龙鱼似狸一角，
作鲤）。"而明代的飞鱼纹样，则
是亚龙纹大家族的一员，其头部和
龙一样，具有两角、圆眼和五色的

飞鱼纹样

长发；身体部分也和龙和蟒类似，具有背鳍和鳞片；特征是前肢带有翅膀，或
者前肢就是翅膀，以及尾巴呈分岔的鱼尾状。明中后期的飞鱼纹样，由于品阶
纹样制度的崩坏，则越来越趋向于蟒纹，仅仅只保留了鱼的尾部；头部爪部等
用于辨识品阶的部分，则故意模糊与蟒纹雷同。

除了胸背部分的两条过肩大的飞鱼纹以外，两袖的升龙、膝襕部分的行龙
也是图案设计的一个重点。细节部分甚至于海水江崖的图案和海水中涌出的杂
宝图案都一一手绘而成。由于传统的龙纹流传时间很长，每个时代都有鲜明的
时代特征和审美逻辑，龙的五官，角，头发，鳍，尾都会略有区别。明代的龙
纹和亚龙纹有其显著的特点。雪飞君在参考了大量的文物资料后，根据明代的
审美逻辑绘制出了一个新的飞鱼纹样。

明代应景正月蟒纹

绘制完以后，同年印制成衣料，为工作室的队员制作了一批队服。当成员们首次身着飞鱼服出现在公众视野中的时候，引起不小的议论，社会各界给予了大量的关注，从而掀起了设计和复制明代高阶纹样服饰的热潮。直到今天，诸如此类的作品层出不穷。

使用新飞鱼纹样印制的衣料

孔府香色飞鱼服打版效果图

由于数码印花的效果还是差强人意，2014 年，雪飞君联系了南方的一家织锦厂家，将该纹样打版织锦。

孔府香色飞鱼手绘袍料　　　　大红织锦飞鱼袍料（复原件）

大红飞鱼织锦袍（复原件）

飞鱼纹织锦

然而复原织锦的过程并非一帆风顺，由于织锦厂家从未有过生产织锦袍料的经验，一开始是拒绝的。打版过程中，由于各种色线和金线的缩率不同，前后织坏了四版；经过一再的沟通、反复的改版，最后终于织成飞鱼袍料。在明朝结束的三百多年后，终于又完美再现了这件大红妆花五彩通肩柿蒂窠膝袖襕飞鱼服。这件飞鱼服也磨炼了雪飞君以及织锦厂家的工艺技术，可以说这件飞鱼服就是后来风靡全国的织锦飞鱼服的经验源泉。

不久，雪飞君又根据孔府收藏的四兽朝麒麟服复原了五彩妆花通肩柿蒂窠四兽朝麟服，填补了国内明制婚服中的缺环。关于孔子的出生，民间向来有"麒麟送子"的传说；明代对孔府继承人的封爵是公、麒麟也是衍圣公的本等服色，因此明史中有大量给衍圣公赐予麒麟服的记载。明中后期以后，由于赐服制度的松懈，因此吉祥的麒麟纹样大量应用于民间的婚嫁活动中，明代的笔记小说中经常提到新妇身穿麒麟纹样的记载。孔府的这件四兽朝麒麟，又寓意着家族繁衍兴旺，因此适合作为婚礼的礼服。考虑到这些因素，雪飞君又绘制了四兽朝麒麟的纹样，并将其打版织锦。有了上次的经验，这次的织锦制作就比较顺利。

孔府旧藏四兽麒麟袍

雪飞复原作品

　　斗牛纹样的绘制，是基于绘制飞鱼服和麒麟服的经验。在绘制完五彩间金斗牛图案以后，有一天在和朋友聚会的时候，雪飞君突然想道：长期以来做的都是一些复原的作品，制成成衣以后动辄十几斤重，而且这些纹样十分隆重，只有重要的节庆典礼才适合穿着，一般人仅仅是作为收藏品仔细收藏在衣柜里，何不将这些经典传统纹样运用在现代服饰上？譬如将五彩间金通肩柿蒂窠斗牛纹样印制在黑色T恤上。这个想法一经考虑成熟立刻着手，不久即诞生了五彩斗牛T恤这个作品。根据这种思路，身为摩托车爱好者的雪飞君又设计开发了

暗黑系的骨架龙卫衣等产品。在设
计开发的时候，这种文化的强烈冲
突感激发了雪飞君的创作灵感：他
仍然遵循明代习惯的通肩柿蒂窠以
及过肩大龙这些传统构图，对龙的
表现上却使用了暗黑系的骷髅骨架

斗牛补青罗袍

等元素，整体龙身呈骨架状。这种创新尝试，很快就受到年轻人的追捧。与此
同时，工作室的设计师还设计了蒸汽朋克风格的柿蒂窠卫衣。

蒸汽朋克风格的柿蒂窠卫衣

暗黑系的骨架龙卫衣　　　　　　　　暗黑系的骨架龙卫衣　局部

表6 明赐朝鲜冠服表

《明实录》载 明廷对朝鲜使臣、漂海者赐服规格一览

品类	受赐身份	服饰名称
衣服	王子、王侄女、世子	纱罗衣五袭、金织罗衣、绢衣、织金纱罗苎丝衣各一袭
袭衣（罩衫）	国王	织金文绮袭衣、织金袭衣、织金罗袭衣、织金袭衣、织金苎丝袭衣、织金罗绢袭衣、苎丝袭衣服、苎丝袭衣、织金袭衣、织金苎丝袭衣、白金袭衣
蟒袍	国王、世子、王妃	宝石玉带、大红蟒衣一件
祭服	国王、陪臣	祭服一件
冠服	国王、王妃、王父、王母，世子	世子：六梁冠、乌纱远游冠
朝服	世子	朝服袭衣
常服	国王	苎丝纱罗各一件

《明实录》载 明廷对朝鲜使臣、漂海者赐服规格一览

身份	等级	赐服
进贡谢恩	遣使陪臣	金苎丝衣一套
	书状、通事、押物等官	各素苎丝衣一套、靴袜一套
	从人	绢衣一套、靴袜子一双
奏事	遣使陪臣	织金罗衣一套
	通事	素罗衣一套；靴袜一双
	从人	绢衣一套、靴袜子一双
漂海者	无官职	胖袄一件，鞋一双；夏日改木棉布衣两件

表7 《大明会典》载王府例行赐服略览

赏赐原因	时间	赐服种类
皇子降诞	嘉靖十二年	赐亲王、一等、大红织金五彩团龙常服紵丝一袭、纱一袭、罗一袭。二等、大红织金闪色团龙常服紵丝一袭、纱一袭、罗一袭。三等、大红织金团龙常服紵丝一袭
	嘉靖十五年	赐亲王、一等、织金五彩常服紵丝一袭、白金三百两。二等、织金常服紵丝一袭、白金二百两、织金常服纱一袭、白金一百两等
	嘉靖十六年	赐亲王、一等、织金五彩常服罗一袭、白金一百两、里。二等、织金常服罗一袭、白金八十两、里。三等、织金常服罗一袭、白金五十两等
	万历十年	赐亲王、各大红织金闪色团龙常服紵丝一袭、纱一袭。罗一袭、管理亲王府事者、与靖江王、各大红织金团龙常服紵丝一袭

续表

赏赐原因	时间	赐服种类
册立太子	成化十一年	赐亲王、一等、银二百两、纻丝八疋、纱八疋、罗八疋、生熟绢十六疋、高丽布十疋、白毡丝布十疋、西洋布十疋。二等、银一百两、纻丝六疋、纱六疋、罗六疋、生熟绢十二疋、高丽布六疋、白毡丝布六疋、西洋布六疋等
	嘉靖十八年	赐亲王、一等、银三百两、纻丝十疋、纱十疋、罗十疋、生熟绢三十疋、高丽布十疋、白毡丝布十疋、西洋布十疋。二等、银二百两、纻丝八疋、纱八疋、罗八疋、生熟绢十六疋、高丽布六疋、白毡丝布六疋、西洋布六疋。三等、银一百两、纻丝六疋、罗六疋、锦四墒、生熟绢十二疋、高丽布六疋、白毡丝布六疋、西洋布六疋
	隆庆三年	赐亲王、各银二百两、纻丝八疋、纱八疋、罗八疋、生熟绢十六疋、高丽布六疋、白毡丝布六疋、西洋布六疋
		蜀王府进扇、回赐、银三百两、大红金彩常服三袭

大红织锦四兽朝麒麟圆领袍

藏青斗牛贴里

黑飞鱼贴锦织里

白色斗牛贴里

大红四兽麒麟袍

大红织锦飞鱼贴里

大红飞鱼袍料（膝襕部分）

四合云纹锦料

四兽麒麟袍贴里　局部

大红织锦飞鱼袍

身着飞鱼纹样服饰的小朋友

西塘汉服文化周中身着高阶纹样赐服的演员

西塘汉服文化周中身着高阶纹样赐服的演员

第五章

关于僭制

　　古代中国自周建立封建制度，分封诸侯，制定公伯子男四等爵位，实际上这种封建制度，只是家族分化形式的一种演变。周朝最原始的诸侯国，主要是姬姓家族成员，或者与姬姓通婚的姜、任等家族，因此各级封建领主都有祭祀的义务。这种祭祀的目的在于显示和维持封建领主们在姬姓宗族的地位，而这种家族中的地位即是各级封建主实施统治的合法性的来源。因此周建立了一整套以"周天子"为核心的礼仪制度，其中各级封君的服制和器用，特别是在祭祀活动中的服制和器用都有严格的规定，各级封君必须按照规则行事，如果在器用和服饰上超过了本级别的规定，即被称为僭越。历史上楚庄王恣意打听"问九鼎之轻重"，即被认为怀不臣之心。"九鼎"即是天子的器用，诸侯打听九鼎的规格，无疑是想拥兵造反。

　　历朝历代的封建统治者在建立政权之初，都会制定本朝的服饰和车舆制度，这些制度使其治下的封建领主和各级官民有法可依；这些制度被史官撰写正史时编辑其中，称之为"舆服志"。而舆服制度，随着时代的变迁和社会生产力的发展，不断推陈出新，然而万变不离其宗的是其代表的统治制度的阶级秩序。在传统的中国社会，封建主、官员和乡绅们是舆服制度的拥护者，昂贵丝质的衣料和精美的织绣纹饰即是他们体面的代表。而每每到了王朝将要崩坏的时候，最先动摇的，往往也是舆服制度。纵观历史，到了一个王朝的夕阳出现的时候，往往会出现大量僭越的案例。吴梅村的笔记中记载了明末崇祯年间：

　　　　"京师妇女宴会。出游好赁蟒服于质库。乘车去弞不避呵殿。视其衣交龙灿然。乱上下之序。混淆无别。台谏以为言。然终莫能禁。"

　　（《绥寇纪略》）

当封建秩序松懈的时候，平民们渴望打破自己的阶级，获得士族们的体面，于是纷纷加长了自己袖子和衣襟的长度。富裕的商贾希望提高自己的社会地位，遂模仿士族们使用丝织品的面料，甚者僭用高级纹样。士族们也通过各种合法非法的手段获得更高的爵位和勋号，并且半公开地享用高于自己级别的纹饰和用具。甚至一些僧道之类的方外人士，也敢于使用原本是皇家才可以使用的颜色的纹饰。

在古典文学作品《金瓶梅》中，本是商贾的西门庆通过贿赂权贵、结交宦官等手段，获得了一个五品的武职"金吾卫衣左所副千户、山东等处提刑所理刑"，因而"每日骑着大白马，头戴乌纱，身穿五彩洒线猱头狮子补子员领，四指大宽萌金茄楠香带，粉底皂靴，排军喝道，张打着大黑扇，前呼后拥，何止十数人跟随，在街上摇摆"，甚至家中妇女妻妾无不穿着高阶的胸背补服。小说作者借宋朝的故事，影射其身处的明代中后期的社会现象，讽刺当时社会上大量的僭越行为。

之前的章节中我们曾经讨论过，皇帝常常给靠近自己的宠臣和宦官们赐予高阶的织物和纹样，这就成了宠臣们私自服用高阶服饰的法理依据。此外，皇帝对守卫边境的军人们的服色往往宽容度较高，边镇军官也常常获赐高级的服色"以壮远人之观"。明成化时，凉州右副总兵都督同知赵英上疏称正统年间会川伯镇守凉州时御赐的织金蟒袍还在，请求服用，皇帝同意了这一奏请。虽然皇帝认为这是"特例"，可是边将们却屡屡奏请服用蟒衣。皇帝对边军特例宽容，京城的军人们却自动将这种恩典沿用到自己身上，明朝景泰年间的锦衣卫指挥使毕旺的例子很好说明了这一点。毕旺上疏朝廷，援引永乐年间的旧历，说锦衣卫负责卫戍皇帝的官员，永乐年间"概许麟服"。因为开了这个锦衣卫官服麒麟的口子，上行下效，到了万历年间的军人，无论品级高低，一律服狮子服，甚至连荷刀持戟的低阶武弁，也穿着一品官的狮子服色。有时这些低阶军人受罚的时候，就穿着狮子服受捆绑和鞭打。

"今武弁所衣绣胸，不循钦定品级，盖服狮子；自锦衣至指挥金事而上，则无不服麒麟者。人皆谓起于嘉靖间，后乃知事在景泰四年：

锦衣指挥同知毕旺，疏援永乐旧例，谓环卫近臣，不比他官，盖许麟服。亦犹世宗西苑奉玄，诸学士得衣鹤袍，犹为有说。至于狮子补，又不特卑秩武人，今健儿荷刀戟者，无不以为常服。偶犯令辄和衣受缚，宛转于鞭挞之下，少顷，即供役如故。孰知一二品采章，辱亵至此。"（《万历野获编》）

"惟武官多有不遵旧制，往往专公侯伯及一品之服，自熊黑以下至海马，非独服者鲜，而造者几于绝焉。"（《大学衍义补》）

"独《会典》所载服色，武职三品以下，有虎豹、熊黑、彪、海马、犀牛之制，而今则通用狮子，略不之禁，此不可晓也。"（《觚不觚录》）

以上这些僭越行为的大量出现，代表着统治者不再能够有效地维持封建秩序。历代统治者无一不对僭越一事深恶痛绝，然而最严重的僭越行为却往往发生在皇帝的身边。皇帝身边的宦官，由于独特的身份和生理构造，造成了他们独特的心理：他们往往把自己视为皇帝的家臣。相较于外朝的文武官员，他们的位置跟皇帝更加接近，因此，他们理所当然服用外官所不易得的本属于皇家的高级纹样。王朝的中后期，皇帝出于懈怠把治理国家的工作交由宦官们分担，造成了宦官专政。当权的宦官们不仅自己僭越服制，甚至把高级纹样视为自己掌握的资源。他们用这种资源与外官甚至富裕的商人们进行权钱交易。在大太监刘瑾专政的年代，民间曾经有"五十两，一件蟒"的民谣。可见高级的纹样已经不再是皇帝的特典，而成为明码标价的商品。

宪宗行乐图　局部

　　大太监魏忠贤专权的时代，外臣依附宦官形成"阉党"，魏忠贤权势到达了极点。在朝贺的日子，魏忠贤身穿朝服，头上戴着自己独创的九梁冠。梁冠本来是文武官员朝服的首服，而其梁数文武一品只有七梁，国公也只有八梁，而魏忠贤独创了九梁冠。而全体宦官，从魏忠贤开始俱身穿朝服，如外臣一样向皇帝山呼万岁地朝拜。

宪宗行乐图　局部

　　宦官的服饰本来以圆领为主，颜色以青绿为主。内使或者小火者是最基层的职务，头戴平巾，佩戴乌木牌，并不束革带。请轿长随和都知监长随可以穿狮子补或者鹦哥杂禽补，束角带。六品奉御以上的，才允许穿具有麒麟补子的官服官帽，腰束金镶玳瑁带或者犀角带佩戴牙牌。升任到四品太监以上，才可以服用斗牛补子。再升有膝襕飞鱼、斗牛、蟒服等。司礼监秉笔太监也有穿坐蟒的。而贴里只有司礼监掌印、秉笔、随堂太监，乾清宫管事牌子，各执事近侍，才许穿颜色大红缀本等补子。

出警入跸图　局部

大红曳撒也只有各衙门管事的太监、东厂提督等才可以穿着；但是魏忠贤的爪牙们却不论品级皆穿着贴里曳撒、束革带，掌印提督以上俱穿坐蟒；甚至坐蟒都不能满足他们的虚荣心；魏忠贤在内廷还独创了三襕贴里：即在蟒纹贴里的膝襕下再加一襕，这种三襕贴里只有特别亲近的才会获赐；除了三襕贴里以外，魏忠贤还有很多关于服装的新设计，这些设计在今天看起来是很有新意的，甚至是充满创造性的，但在当时，这些行为确实是"奢僭"。宦官刘若愚的笔记《酌中志》这样记载：

出警入跸图　太监蟒袍形象

"自逆贤擅政，改蟒贴里膝襕之下，又加一襕，名曰三襕贴里，最贵近者方蒙钦赏服之。又有双袖襕蟒衣，凡左右袖上，里外有蟒二条。自正旦灯景，以至冬至阳生、万寿圣节，各有应景蟒纻；自清明秋千与九月重阳菊花，俱有应景蟒纱。逆贤又创造满身金虎、金兔之纱，及满身金葫芦、灯笼、金寿字、喜字纻，或贴里每褶有朝天小蟒者。然圆领亦有金寿字、喜字，遇圣寿及千秋，或国喜，或印公等生日，搬移则穿之。惟逆贤之服，奢僭更甚，及籍没，皆赏给钟鼓司，凡承应则穿之，光焰耀目。今上圣主天性素俭，每为切齿，或笑其越分折福，终何用也。祖宗以来，青贴里原不缀补，惟红贴里有补。逆贤偶欲异其亲信者，遂自印公起请小轿止俱于青贴里缀补。纷更多事，人咸不便。又按旧制，自十月初四日，至次年三月初三日，穿纻丝，自三月初四日，至四月初三日，穿罗，该司礼监预先题奏传行。凡婚庆吉典，则虽遇夏秋，亦必穿纻丝供事。若羊绒衣服，则每岁小雪之后，立春之前，随纻丝穿之。凡大忌辰穿青素，祧庙者穿青绿花样，遇修省则穿青素。祖宗时，夏穿青素，屯绢也；冬穿青素，则元色之纻丝也。逆贤擅政，则王体干等夏穿真青油绿怀素纱，内以玉色素纱衬之，满身活文，如水之波，如木之理；而冬则天青、竹绿、油绿怀素纱，光耀射目，争相夸尚，以艳丽为美。"

各色应景花样，本来是各种节庆期间宫人们穿着的喜庆或者吉祥花样。春有清明秋千，夏有五毒艾虎，秋有鹊桥玉兔金菊，冬有阳生葫芦灯景，万寿节有寿字喜字等纹样。魏忠贤将这些花样加诸蟒衣之上，并且富有创造性的发明了满身金虎，满身金兔的纱料衣饰，以及满身金葫芦、灯景、金寿字喜字纻丝衣料。还有一种贴里，每个褶里面都有一条朝天小蟒，或者在袖子上内外各有一条蟒纹，甚至内衣裤上，都绣有金线蟒龙。这些奢华异常，按时节应景制造的面料，都由内织染局之掌印齐良臣及南京内守备杨国瑞等、刘文耀、胡良辅、胡滨等代为织造。在外出的时候，魏忠贤等辈会戴束发金冠，这种状如戏子所佩戴的束发金冠，造价高昂，动辄百金、千金。

　　"束发冠，其制加戏子所戴者，用金累丝造，上嵌晴绿珠石。每一座，值数百金，或千余金、二千金者。四爪蟒龙，在上蟠绕。下加额子一件，亦如戏子所戴，左右插长雉羽焉。凡遇出外游幸，先帝圣驾尚此冠，则自王体干起，至暖殿牌子止，皆戴之。各穿窄袖，束玉带，佩茄袋、刀悦，如唱'咬脐郎打围'故事。惟涂文辅、高永寿年少相称，其年老如裴升、史宾等戴之，便不雅观。"（《酌中志》）

出警入跸图　神宗皇帝与太监

而在大忌辰期间，按照明朝的法制，所有的官员应该穿着青素。所谓青素，即素色无织绣花纹的织物制成的袍服，夏用屯绢，冬用素色绉丝。而魏忠贤的时代，则"夏穿真青油绿怀素纱，内以玉色素纱衬之，满身活文，如水之波，如木之理；而冬则天青、竹绿、油绿怀素纱"，用一层略透明的织物罩在深色

织金祥云凤纹团窠袍料　局部

的织物外面，裁剪成袍服，从而达到光彩夺目的效果。抛开祖宗法度不说，魏忠贤辈对服饰的艳丽夺目的追求，可谓无所不用其极，其中有些发明创造，也的确富有创造性。

　　与魏忠贤有着千丝万缕的关系的、在明朝历史上十分有名的客氏，其威风比之魏忠贤也是丝毫不逊。据《酌中志》的记载：

　　"按自天启元年起，至七年止，凡客氏出宫暂归私第，必先期奏知，先帝传一特旨，某月某日奉圣夫人往私第云云。至日五更，钦差乾清宫管事牌子王朝宗或涂文辅等数员，及暖殿数十员，穿红圆领玉带，在客氏前摆队步行，客氏自咸安宫盛服靓妆，乘小轿由嘉德、咸和、顺德右门，经月华门至乾清宫门西一室，亦不下轿，而竟坐至西下马门。凡弓箭房带简管柜子、御司房、御茶房请小轿管库、近侍、把牌子、硬弓人等，各穿红蟒衣窄袖，在轿前后摆道围随者数百人，司礼监该班监官、典簿、掌司人数等，文书房官咸在宝宁门内跪叩道旁迎送。凡得客氏目视，或颔之，则荣甚矣。内府供用库大白蜡灯、黄蜡炬、燃亮子不下二三千根，轿前提炉数对，燃沉香如雾。客氏出自西下马门，换八人大围轿，方是外役抬走，呼殿之声远在圣驾游幸之上，灯火簇烈照如白昼，衣服鲜美俨若神仙，人如流水，马若游龙。天耶！帝耶！都人士从来不见此

也。每年不论冬夏，或出三四次不止，客氏到宅升厅坐，自管事起至近侍，止挨次叩头，"老祖太千千岁"殷然震天，各有回答银帛以犒之。"

这种排场，俨然王侯之上，而皇帝对这般招摇，态度竟然是纵容。更有甚者，天启五年九月，皇帝御赐给魏忠贤、客氏四爪龙钮的纯金印各一方，印文分别是"钦赐顾命元臣忠贤印"和"钦赐奉圣夫人客氏印"，每一枚重量达到二百两，由御用监铸造、内宫监制作戗金龙印盒。与此相对的例子是，万历年间宫中失火烧毁了皇后之宝，之后一直没有补造，直到万历四十二年福王之国，皇后照例要给福王王妃下一道诫谕，这谕旨上得盖皇后娘娘的御宝，这个时候想起来皇后之宝被烧毁了，而神宗万历皇帝觉得铸造金印太浪费了，于是着内宫监用梨木刻了一个代替，终孝端显皇后一世，也没有补造过金印。而区区宦官和乳母，却受到如此厚赐和尊崇，可以见得所谓的僭越，不过是皇帝本人一时的喜恶。

清琉球国自造僭用龟鹤纹公服

与之相类似的还有嘉靖朝的内阁首辅严嵩，由于善写青词而受到崇信道教的皇帝的宠爱，皇帝曾多次赏赐高阶的纹样服饰给他。严嵩父子专权达到二十年之久，显赫一时。在他权势熏天的时候，据说曾经站在自己家的库房中发出过"朝廷无我富"的狂妄之言。在嘉靖四十一年，皇帝对严嵩父子早就不满，借由"道士蓝道行扶鸾"，严嵩父子获罪：严世蕃被枭首，严嵩被查抄家产遣返回分宜老家。严嵩巨额的家产被查抄后编写成目录，即著名的《天水冰山录》，其中有大量的高阶纹样的织物和成衣，可见其家族在鼎盛时期的奢僭。沍蕖轩曾经作过一个整理，单就制成的成衣，就达一千三百零四件之多，其中大部分是"大红""织金""妆花""过肩蟒""过肩蟒龙""斗牛""麒麟"等花样。在这里将《天水冰山录》的成衣部分摘录如下：

　　"缎衣

大红织金过肩蟒缎衣九件　　　　　大红妆花过肩蟒龙缎衣一十件

大红织金蟒缎圆领七件　　　　　　大红妆花蟒缎圆领一十件

大红织金妆花斗牛缎衣一件　　　　大红织金妆花斗牛圆领二十四件

大红织金妆花仙鹤缎衣五件　　　　大红织金妆花仙鹤缎圆领八件

大红织金妆花锦鸡缎圆领四件　　　大红织金妆花孔雀缎衣五件

大红织金妆花孔雀缎圆领八件　　　大红织金妆花云凤缎圆领一件

大红织金白鹇缎圆领三件　　　　　大红织金云鹭缎圆领五件

大红过肩云缎衣一件　　　　　　　大红缎遍身云鹤法衣一件

青织金妆花蟒龙缎衣二十件　　　　青织金妆花蟒龙圆领一十件

青织金妆花斗牛缎衣二件　　　　　青织金妆花斗牛圆领一十八件

青织金妆花仙鹤缎衣四件　　　　　青织金妆花仙鹤缎衣圆领二十件

青织金妆花锦鸡缎衣一件　　　　　青织金妆花锦鸡缎圆领八件

青织金妆花孔雀缎衣六件　　　　　青织金妆花孔雀缎圆领二十件

青织金妆花云鹭缎圆领六件　　　　青织金妆花白鹇缎圆领一件

青织金妆花獬豸缎圆领二件　　　　青素缎圆领三件

绿织金妆花蟒缎衣七件　　　　　　绿织金妆花斗牛缎圆领一件

绿织金斗牛缎衣二件

油绿麒麟缎衣一件

墨绿麒麟缎圆领一件

绿妆花孔雀缎衣二件

绿闪黄仙鹤缎衣一件

蓝织金妆花蟒缎衣四件

蓝蟒缎圆领一件

蓝织金妆花斗牛缎衣四件

蓝缎闪红过肩暗花蟒衣二件

蓝缎闪紫过肩云鹤衣二件

蓝妆花锦鸡缎衣二件

沉香妆花仙鹤缎衣一件

沉香蟒缎衣二件

茄花色蟒缎衣一件

大红妆花蟒缎女袍二件

大红织金蟒缎女袍六件

大红斗牛缎女袍七件

大红斗牛缎女衣一十六件

大红云缎过肩麒麟女袍一件

大红织金妆花缎女袍一十二件

大红闹妆花缎女衣一件

大红织金妆花缎女衣八件

大红素缎女袍二件

大红遍地金蟒缎女衣一件

绿织金妆花缎女衣四件

青织金妆花缎女衣七件

油绿过肩暗花蟒缎衣一件

蓝斗牛缎女衣二件

沉香蟒缎女袄二件

紫斗牛缎女衣二件

沉香缎麒麟女袍一件

以上缎衣共三百三十四件

绢衣

大红织金蟒龙云绢衣四件

大红妆花蟒龙云绢圆领二件

大红织金妆花斗牛绢衣三件

大红织金妆花斗牛绢圆领三件

大红织金妆花麒麟云绢圆领五件

大红织金妆花仙鹤云绢圆领一十四件

大红织金飞云绢衣一件

大红织金妆花锦鸡绢衣四件

大红妆花锦鸡绢圆领三件

大红妆花孔雀云绢衣二件

大红织金洗线孔雀云绢圆领六件

大红织金狮子云绢圆领一件

青织金妆花斗牛绢圆领四件

青织金麒麟云绢圆领七件

青织金仙鹤绢圆领六件

青妆花飞鱼云绢圆领三件

青织金飞鱼云绢圆领二件

青织金过肩蟒龙云绢衣七件

青妆花蟒龙圆领二件

青织金云雁绢圆领一件

青妆花云绢圆领一件

青妆花孔雀绢圆领六件

青妆花暗花孔雀绢衣三件

青织金孔雀绢圆领一十一件

青织金锦鸡绢圆领一十件

青云裹白鹇绢圆领一件

油绿暗花仙鹤孔雀绢衣六件

油绿绢褶子三件

绿妆花斗牛绢衣一件

绿绢褶子七件

蓝蟒金胸背绢衣一件

蓝织金仙鹤绢衣一件

蓝闪红过肩蟒绢衣一件

蓝蟒补云绢衣一件

蓝斗牛云绢衣一件

蓝闪绿麒麟云绢衣二件

蓝妆花仙鹤云绢衣四件

蓝妆花暗花孔雀绢衣一十二件

蓝妆花锦鸡绢衣三件

蓝绢褶子六件

沉香四串绢过肩蟒衣一件

沉香妆花锦鸡绢衣一件

沉香妆花孔雀绢衣三件

沉香妆花仙鹤绢衣一件

沉香云绢褶子一件

大红锦鸡云绢女衣一件

大红过肩风云绢女衣一件

大红麒麟云绢女袍一件

大红斗牛云绢女袍二件

大红织金妆花绢女袍四件

大红织金妆花绢女衣三件

纳锦百花蟒绢女衣一件

纳锦八仙绢女披风一件

绿纳锦斗牛绢女披风一件

绿织金妆花绢女衣三件

油绿织金妆花绢女衣二件

蓝织金妆花绢女衣四件

以上绢衣共一百九十二件

罗衣

大红织金妆花过肩蟒罗衣一十件

大红织金妆花蟒龙罗圆领一十七件

大红织金妆花斗牛罗衣一件

大红织金妆花仙鹤罗衣一件

大红织金妆花斗牛罗圆领九件

大红缂丝仙鹤补罗圆领一件

大红织金妆花仙鹤罗圆领六件

大红织金妆花锦鸡罗圆领四件

大红妆花孔雀罗衣一件

大红织金妆花孔雀罗圆领三件

大红织金妆花云雁罗圆领一件

青织金妆花蟒龙罗衣三件

青织金妆花蟒罗圆领四件

青织金妆花斗牛罗圆领一十三件

青织金麒麟罗圆领一件

青织金妆花仙鹤罗圆领五件

青织金妆花锦鸡罗圆领七件

青织金妆花孔雀罗圆领七件

青织金獬豸补罗圆领六件

绿妆花孔雀罗衣一件

绿罗直身三件

绿罗褶子三件

蓝蟒罗衣三件

蓝罗直身七件

蓝罗褶子一十一件

沉香罗褶子二件

五色罗裙子二件

大红织金罗女衣七件

大红素罗女披风一件

青蟒罗女衫二件

青妆花罗女圆领一件

青织金罗女圆领一件

青妆花罗女衣二件

以上罗衣共一百四十五件

纱衣

大红织金过肩蟒龙云纱衣一十四件

大红织金蟒龙补纱圆领一件

大红织金飞鱼纱圆领一件

大红织金妆花斗牛云纱衣二件

大红织金妆花斗牛云纱圆领一十件

大红织金妆花麒麟云纱衣一件

大红织金妆花麒麟云纱圆领二件

大红织金妆花麒麟绉纱圆领一件

大红织金妆花仙鹤云纱衣四件

大红织金妆花仙鹤云纱圆领九件

大红织金獬豸补纱圆领二件

大红织金妆花云鹭纱圆领一十一件

大红妆花云鹭纱衣一件

大红妆花锦鸡补纱圆领五件

大红妆花孔雀云纱衣七件

大红妆花孔雀绉纱衣一件

大红织金妆花孔雀纱圆领一十三件

大红织金妆花孔雀补绉纱圆领一件

大红妆花云雁补纱圆领一件

青织金妆花暗花蟒纱衣一十五件

青织金蟒纱圆领三件

青织金斗牛纱圆领一十八件

青织金獬豸纱圆领二十一件

青织金鹭鸶纱圆领一十七件

青织金妆花飞鱼纱圆领二件

青妆花麒麟纱圆领一十件

青织金妆花过肩云鹤纱衣三件

青织金妆花云鹤纱圆领二十六件

青妆花云雁纱圆领一件

青妆花圈金锦鸡纱圆领二十件

青织金妆花孔雀圆领补纱圆领四十一件

青暗花孔雀云纱衣五件

绿过肩蟒纱衣一件

绿妆花蟒纱衣一件

油绿斗牛纱圆领二件

绿妆花暗花仙鹤孔雀纱衣五件

蓝蟒纱衣一十二件

蓝斗牛云纱衣二件

蓝麒麟补纱衣一件

沉香色蟒纱衣二件

葱白纱过肩蟒衣一件

蓝纱褶子四件

大红蟒纱女袍四件

大红蟒纱女衣八件

大红斗牛纱女披风二件

大红斗牛纱女衣一件

大红织金妆花纱女袍一十件

大红织金妆花纱女衣一十件

绿蟒纱女衣二件

绿斗牛纱女衣一件

青织金妆花纱女袍五件

青蟒纱女袍一件

青织金麒麟纱女袍一件

以上纱衣共三百四十六件

绸衣

大红妆花过肩云蟒绸衣一件

大红织金麒麟补绸圆领二件

大红织金斗牛绸衣一件

大红织金妆花斗牛绸圆领二件

大红织金仙鹤补绸圆领一件

大红织金仙鹤绸衣一件

大红妆花孔雀补绸衣一件

大红妆花孔雀补绸圆领一件

青织金斗牛绸圆领三件

青织金妆花麒麟绸衣二件

青织金妆花麒麟绸圆领一十一件

青织金妆花狮子绸圆领一件

青织金妆花鸳鸯绸衣一件

青妆花仙鹤补绸圆领七件

青暗花云鹤绸衣一件

青织金仙鹤补绸圆领三件

青织金妆花孔雀绸圆领一十六件

青织金锦鸡补绸圆领六件

油绿妆花斗牛绸衣一件

蓝织金妆花麒麟绸衣二件

蓝织金过肩云鹤绸衣一件

蓝织金斗牛补绸圆领一件

沉香色绸蟒衣一件

绿绸褶子六件

蓝绸褶子四件

大红绸麒麟补女衣二件

大红绸獬豸补女衣二件

紫绸麒麟补女衣一件

绿绸蟒补女衣三件

青绸麒麟女衣一件

蓝绸斗牛女衣二件

以上绸衣共八十九件

改机衣

青织金孔雀改机衣一件

青织金妆花孔雀改机圆领一十二件

青缂丝锦鸡补改机圆领一件

青素改机圆领三件

以上改机衣共一十七件

绒衣

大红妆花过肩蟒绒衣三件

大红妆花蟒绒圆领三件

大红妆花斗牛绒圆领四件

大红妆花麒麟绒圆领三件

大红缂丝仙鹤补绒圆领一件

大红织金仙鹤补绒圆领八件

大红妆花仙鹤绒圆领一件

大红妆花锦鸡绒圆领四件

大红妆花孔雀绒圆领四件

青织金斗牛绒圆领三件

青妆花斗牛绒圆领三件

青妆花过肩斗牛绒衣一件

青妆花蟒龙绒圆领五件

青织金蟒绒衣五件

青织金仙鹤绒圆领一十件

青织金妆花锦鸡绒圆领三件

青织金云雁绒圆领三件

青织金云雁绒衣一件

青妆花绒禅衣一件

青妆花孔雀补绒圆领五件

绿织金过肩蟒绒衣二件

油绿妆花锦鸡绒圆领一件

墨绿过肩蟒绒衣二件

油绿妆花孔雀绒圆领二件

墨绿织金斗牛绒圆领二件

沉香色蟒绒二件

沉香斗牛绒衣一件

栗色妆花斗牛绒衣一件

藕色过肩蟒绒衣一件

天鹅绒头围一个

大红过肩斗牛绒女衣一件

大红过肩蟒绒女衣一件

大红蟒绒女袍一件

大红云鹤绒女袍一件

红织金凤补绒女衣二件

红绒女袍一件

红绒女衣六件

红剪绒獬豸女披风一件

紫绒女衣二件

青过肩蟒绒女衣一件

青过肩蟒绒女披风一件

青过肩蟒绒女披风一件

墨绿蟒补绒女衣一件

墨绿斗牛补绒女衣一件

沉香斗牛绒女衣一件

红妆花绒女裙一条

绿妆花绒女裙一条

红织金绒女裙一条

绿织金绒女裙一条

蓝织金绒女裙一条

以上绒衣共一百一十三件

宋锦衣

青宋锦缂丝仙鹤补圆领一件

宋锦斗牛女披风一件

蟒葛衣

过肩蟒葛衣一件

斗牛补葛衣三件

貂皮衣

貂鼠裘袄二件

豹皮禅衣二件

狐裘二件

貂鼠风领五条

以上锦葛貂裘共一十七件

丝布衣

大红织金仙鹤补丝布圆领一件

大红妆花蟒龙补丝布圆领一件

大红妆花麒麟补丝布圆领一件

大红织金斗牛丝布圆领一件

大红洗线孔雀补丝布圆领一件

青织金蟒龙丝布圆领一件

青织金妆花斗牛丝布圆领四件

青织金云雁丝布圆领三件

青织金妆花獬豸补丝布圆领七件

青妆花孔雀丝布圆领一件

蓝织金云鹤丝布衣一件

以上丝布衣共二十三件

通计：缎、绢、罗、纱、绸、绒、裘、葛布等项男女衣服共一千三百零四件。"

孔府旧藏蟒纹道袍 龙纹马面裙

《万历野获编》中列举了另外几种"僭越"的高发人群：一种是勋戚子弟，仗着其父祖有军功，虽然自己庶出，不能承袭祖上的军功而荫封，却也穿着

四爪蟒龙胸背补子

公侯的服色自称勋府；另有一种，就是妇女。妇女们本来被允许穿着和丈夫一样品级的服色，然而她们往往僭越品级穿着高级的纹样。京师的风气，凡妇女出门，哪怕只是小吏的妻子或是教坊的娼妇，都会穿着华丽的织绣官服，甚至穿蟒袍的也并不鲜见。吴

梅村的笔记中还提及，京师妇女出席宴会，都会去当铺租赁蟒袍来穿着。这些僭越的例子在明人的笔记和小说中屡被提到，说明到了明代中后期，服饰的僭越已经是一个十分普遍的社会现象了。

诰命夫人像 僭用织金麒麟补

崇祯朝山西宁武路静乐营二队鸟枪手守长赵勇棉甲 僭用蟒纹（山西博物院）

　　"天下服饰，僭拟无等者，有三种。其一则勋戚，如公侯伯支子勋卫，为散骑舍人，其官止八品耳，乃家居或废罢者，皆衣麟服，击金带，顶褐盖，自称勋府。其他戚臣，如驸马之庶子，例为齐民。会见一人，以白身纳外卫指挥空衔，其衣亦如勋卫，而衷以四爪象龙，尤可骇怪。其一为内官，在京内臣稍家温者，辄服似蟒似斗牛之衣，名为草兽，金碧晃目，扬鞭长安道上，无人敢问。至于王府承奉，会奉旨赐飞鱼者不必言，他即未赐者，亦被蟒腰玉，与抚按藩臬往远宴会，恬不为怪也。其一为妇人，在外士人妻女，相沿袭用袍带，固天下通弊，若京师则异极矣，至贱如长班，至积如教坊，其妇外出，莫不首戴珠箍，身被文绣，一切白泽、麒麟、飞鱼、坐蟒，靡不有之。"（《万历野获编》）

李春芳家族容像 五品官特赐鹤蟒服

另有一种逾制却往往受到默许，即"摄盛"。所谓摄盛，指的是在结婚的时候，新郎使用超过自己级别的车舆和服饰。《仪礼·士婚礼》中说：

> "主人爵弁、纁裳、缁袘，从者毕玄端，乘墨车，从车二乘，执烛前马。"

郑司农对此的注解是："墨车，漆车。士而乘墨车，摄盛也。"爵弁、纁裳、玄端都是大夫的服饰。在结婚的日子，"士"是可以合法的僭用"大夫"的车舆和服饰，这就给后世的婚礼摄盛习俗提供了理论依据。在《明集礼》中规定：

> "国朝品官昏礼，各用本职朝服。妇服花钗翟衣，各随夫之本品服。其三品以上子婚，假五品服。五品以上子，假七品服。六品以下子，假八品服。女服同。"

《明史·舆服志》也规定：

> "庶人婚，许假九品服。"

晚明李思成夫妇像

而具体实施起来的时候，就不是仅仅借穿五品七品公服了，在明代小说《醒世姻缘传》中有这样的描写：

> "转眼到了吉期。狄希陈公服乘马，簪花披红，童寄姐穿着大红纻丝麒麟通袖袍儿，素光银带，盖着文王百子锦袱。"

麒麟服是公爵的服色，童寄姐作为八品官的新妇本来不应该服用，即使摄盛，按照明代的法律规定也只可以服用六品服色。晚明的礼制崩坏，由此可见一斑。

诰命夫人僭用织金凤补

兵部尚书邢阶夫妇像　妇用蟒服

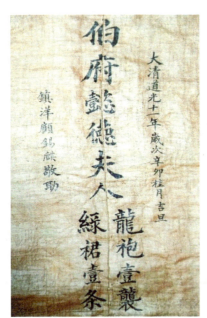

晚清婚礼女服龙袍

第六章

朝服祭服的演变

朱元璋在建立明朝的时候，为了体现其政权的正统性，曾经"诏复衣冠如唐制。初，元世祖起自朔漠以有天下，悉以胡俗变易中国之制。士庶咸辫发椎髻，深檐胡俗。衣服则为裤褶、窄袖及辫线腰褶。妇女衣窄袖短衣，下服裙裳，无复中国衣冠之旧。甚者，易其姓氏为胡名，习胡语。俗化既久，恬不知怪。上久厌之。至是，悉命复衣冠如唐制"（《太祖实录》）。也就是说，明朝建立服章衣冠制度，理论上是以唐代的制度为蓝本的。但是事实上是不是这样呢？

唐代的《舆服志》中规定：

"衣裳有常服、公服、朝服、祭服四等之制。""玄衣纁裳冕而旒者，是为祭服，绶、珮、剑各依朝服之数。其章逢七品以下，降二为差，六品以下无章。""《武德令》，侍臣服有衮、鷩、毳、绣、玄冕，及爵弁，远游、进贤冠，武弁，獬豸冠，凡十等。"

可见唐时规定的皇帝的祭服、文武官员的朝服和祭服仍然是旒冕，第五品的官员仍然可以服用玄冕。五品以下，由于不在"大夫"的范畴以内，只能称"士"，则只能服用爵弁。而旒冕包括"裘、衮、鷩、毳、绣、玄冕"六冕。其中大裘冕是天子

汉代朝服俑

最隆重的礼服，其余五冕可以与一品至五品的"大夫"共享。

而在洪武元年，朱元璋建立服章礼仪制度的时候："学士陶安请制五冕。太祖曰："此礼太繁。祭天地、宗庙，服衮冕。社稷等祀，服通天冠，绛纱袍。余不用。"（《明史·舆服志》）

皇帝除了衮冕和通天冠服以外，还有皮弁服和武弁服以及常服三等。此外，嘉靖年间还增设了燕弁服作为燕居时服用。其中衮冕、皮弁服、常服中的乌纱折上巾也作为皇太子、亲王、郡王及世子的礼服和常服。

文武官员，设有朝服、祭服、公服三等：

"洪武二十六年定凡大祀、庆成、正旦、冬至、圣节及颁诏、开读、进表、传制，俱用梁冠，赤罗衣，白纱中单，青饰领缘，赤罗裳，青缘，赤罗蔽膝，大带赤、白二色绢，革带，佩绶，白袜黑履。一品至九品，以冠上梁数为差。公冠八梁，加笼巾貂蝉，立笔五折，四柱，香草五段，前后玉蝉。侯七梁，笼巾貂蝉，立笔四折，四柱，香草四段，前后金蝉。伯七梁，笼巾貂蝉，立笔二折，四柱，香草二段，前后玳瑁蝉。俱插雉尾。驸马与侯同，不用雉尾。一品，冠七梁，不用笼巾貂蝉，革带与佩俱玉，绶用黄、绿、赤、紫织成云凤四色花锦，下结青丝网，玉绶环二。二品，六梁，革带，绶环犀，余同一品。三品，五梁，革带金，佩玉，绶用黄、绿、赤、紫织成云鹤花锦，下结青丝网，金绶环二。四品，四梁，革带金，佩药玉，余同三品。五品，三梁，革带银，鈒花，佩药玉，绶用黄、绿、赤、紫织成盘雕花锦，下结青丝网，银镀金绶环二。一品至五品，笏俱象牙。六品、七品，二梁，革带银，佩药玉，绶用黄、绿、赤织成练鹊三色花锦，下结青丝网，银绶环二。独御史服獬豸。八品、九品，一梁，革带乌角，佩药玉，绶用黄、绿织成鸂鶒二色花锦，下结青丝网，铜绶环二。六品至九品，笏俱槐木。其武官应直守卫者，别有服色。杂职未入流品者，大朝贺、进表行礼止用公服。三十年令视九品官，用朝服。嘉靖八年，更定朝服之制。梁冠如旧式，上衣赤罗青缘，长过腰指七寸，毋掩下裳。中单白纱青缘。下裳七幅，前三后四，每幅三襞积，赤罗青缘。蔽膝缀革带。绶，各从品级花样。革带之后佩绶，系而掩之。其环亦各从品级，用玉犀金银铜，不以织于绶。大带表里俱素，惟两耳及下垂缘绿，又以青组约之。革带俱如旧式。佩玉一如《诗传》之制，去双滴及二珩。其三品以上玉，四品以下药玉，及袜履俱如旧式。"

"凡亲祀郊庙、社稷，文武官分献陪祀，则服祭服。洪武二十六年定，一品至九品，青罗衣，白纱中单，俱皂领缘。赤罗裳，皂缘。赤罗蔽膝。方心曲领。其冠带、佩绶等差，并同朝服。又定品官家用祭服。三品以上，去方心曲领。四品以下，并去佩绶。嘉靖八年，更定百官祭服。上衣青罗，皂缘，与朝服同。下裳赤罗，皂缘，与朝服同。蔽膝、绶环、大带、革带、佩玉、袜履俱与朝服同。"（《明史·舆服志》）

可以看到明代舆服的规定：朝服用饰有青色领缘的红色上衣、白色中单以及饰有青色边缘的下裳组成，并配有红色蔽膝和红白两色的大带。根据不同的级别，梁冠上的梁数各有不同。公侯伯以及驸马在梁冠上加笼纱貂蝉。大绶的花样、革带和玉佩的材质也根据品级不同有所区别。祭服除了上衣用青色以外，其余俱与朝服相同。虽然嘉靖年间进行一些改动，但是基本的形制没有很大的变化。

这样就很令人困惑了：这个根本看不出来"复衣冠如唐制"的迹象啊！明代和唐代的朝服祭服制度完全不同，几乎没有相似的地方。明朝的服制到底从哪儿来的呢？

在查阅前代的历史时，在金代和元代的舆服志中找到了问题的答案：

"臣下朝服：凡导驾及行大礼，文武百官皆服之。正一品：貂蝉笼巾，七梁额花冠，貂鼠立笔，银立笔，犀簪导，佩剑，绯罗大袖、绯罗裙、绯罗蔽膝各一，绯白罗大带，天下乐晕锦玉环绶一，白罗方心曲领、白纱中单、银褐勒帛各一，玉珠佩二，金涂银革带，乌皮履，白绫袜。正二品：七梁冠，银立笔，犀簪导，不佩剑，绯罗大袖，杂花晕锦玉环绶，余并同。正四品：五梁冠，银立笔，犀簪，白狮锦银环绶，珠佩，银革带，御史中丞则獬豸冠、青荷莲绶，余并同。正五品：四梁冠，簇四金雕锦铜环绶，银珠佩，余并同。正六品至七品：三梁冠，黄狮锦铜环绶，铜珠佩，铜束带，余并同。大定二十二年祫享，摄官、导驾二品冠七梁，三品四品冠六梁，服有金花，五品冠五梁，六品冠四梁，七品冠三梁，监察御史獬豸冠、青绶，八品九品冠二梁，余制并同。三品旧无。

祭服：……泰和元年八月，礼官言：'祭服所以接神，朝服所以事君，虽历代损益不同，然未尝不有分别。是以衮冕十二旒，玄衣纁裳备十二章，天子之祭服也。通天冠、绛纱袍、红罗裳，天子之视朝服也。臣下之服则用青衣朱裳以祭，朱衣朱裳以朝。国朝惟天子备衮冕、通天冠二等之服，今群臣但有朝服，而祭服尚阙，每有祀事但以朝服从事，实于典礼未当。请依汉、唐故事，祭服冕旒画章，然君臣冕服虽章数各殊而俱饰龙名衮，而唐孙茂道已有尊卑相乱之论。然三公法服有龙，恐涉于僭，国初礼官亦尝驳议。乞参酌古今，改置祭服，其冠则如朝冠，而但去其貂蝉、竖笔，其服用青衣、朱裳、白袜、朱履，非摄事者则用朝服，庶几少有差别。'上曰：'朝、祭之服，固宜分也。'"（《金舆服》）

"天子冕服：衮冕……衮龙服……皇太子冠服：衮冕，玄衣，纁裳，中单，蔽膝，玉佩，大绶，朱袜，赤舄。……三献官及司徒、大礼使祭服：笼巾貂蝉冠五，青罗服五，领、袖、襕俱用皂绫。红罗裙五，皂绫为襕。红罗蔽膝五，其罗花样俱系牡丹。白纱中单五，黄绫带。红组金绶绅五，各佩玉环二。象笏五，银束带五，玉佩五，白罗方心曲领五，赤革履五对，白绫袜五对。

助奠以下诸执事官冠服：貂蝉冠、獬豸冠、七梁冠、六梁冠、五梁冠、四梁冠、三梁冠、二梁冠二百，青罗服二百，领、袖、襕俱用皂绫。

红绫裙二百，皂绫为襕。红罗蔽膝二百，紫罗公服二百，用梅花罗。白纱中单二百，黄绫带。织金绶绅二百，红一百九十八，青二，各佩铜环二。铜束带二百，白罗方心曲领二百，铜佩二百，展角幞头二百，涂金荔枝带三十，乌角带一百七十，皂靴二百对，赤革履二百对，白绫袜二百对，象笏三十，银杏木笏一百七十。"（《元史·舆服志》）

明代建国之初，基于安抚元代旧臣的现实，宣称元朝是继承了宋的正统，而明是承元之正统："朕惟中国之君自宋运既终，天命真人于沙漠，入中国为天下主。传及子孙百有余年，今运亦终。海内土疆，豪杰分争。朕本淮右庶民，荷上天眷顾，祖宗之灵，遂乘逐鹿之秋，致英雄于左右"（《太祖登极诏》）。因此，在建立礼仪制度的时候，朱元璋大量借鉴和参考元代的旧例，而元代则是参考了金代制度。在元代的舆服志中我们可以看到：天子和皇太子的最高礼服是衮冕服；而臣下的祭服是笼纱貂蝉冠、梁冠、青罗上衣和红罗裙，用梁冠上的梁数，革带的材质和大绶的花样来区分高下级别。而金代的舆服中，天子的祭服是旒冕衮服、朝服是通天冠服。从"臣下之服则用青衣朱裳以祭，朱衣朱裳以朝"中我们可以很清晰地看出金—元—明三代之间服制的承袭关系。另一方面，由于明太祖日渐接受儒学教化，其个人在晚年拒绝承认辽金元为正统，洪武十九年《优恤高年并穷民诏》曰：

"朕今所任之人不才者众，往往蹈袭胡元之弊。临政之时袖手高坐，谋由吏出并不周知。纵是文章之士，不异胡人……胡元之治，天下风移俗变，九十三年矣。无志之徒，窃效而为之。虽朕竭语言，尽心力，终岁不能化矣，呜呼艰哉。"

由于继承了元代的服制，间接地也继承了金代的制度。金虽然是北方少数民族建立的政权，但是其汉化程度非常的高。金代的朝服、祭服，是从北宋的朝服演变而来。金代吸收了大量宋代的文化传统，金代的君主文化素养都非常高，金章宗甚至还是一名书法家，热衷于临摹宋徽宗的字。然而金代建立服章制度的时候，为了避免"上下相乱"而只采用了宋代的朝服，取消了周礼中规定的"六冕"制度，自此，在中国流传上千年的六冕制度就不复存在了。

综上所述，明代的朝祭服的远祖，应当是宋代的朝服。经过金元两朝的演变，在明代形成梁冠（笼纱貂蝉冠）、方心曲领、赤罗（青罗）上衣、赤罗下裳、白罗中单、赤罗蔽膝、锦大绶、红白大带、革带、玉佩、袜、鞋这样的定制。

文姬归汉图中的宋代朝服　　南宋赵鼎像 笏板 貂蝉冠 方心曲领绯红朝服

山东博物馆馆藏了一件原本收藏于孔府的明代梁冠。这件梁冠是目前唯一发现的明代梁冠实物：其主体部分用金属制成，分为前额和后山两片，以金属网制成；金属网上装饰有薄片锤揲成的宝相花和飞禽图案；前额的两端有绳子系于脑后，用以固定以及调节尺寸；帽顶部分是由漆纱制成，上加以金属薄片卷成的梁；金属贯簪缺失，并配有原装的帽盒。2015 年，笔者在多次参观其在了山东博物馆的展出后，手工复原了一顶，并且在 2017 年赠送给了孔氏第七十六代继承人孔垂长先生。

与之配套的是孔府旧藏的一套明代朝服。该朝服以吴罗制成，赤罗上衣饰有深青色领缘和袖口，交领大襟，宽袖敞口；赤罗下裳饰有青色缘边，前后不相属，共腰；白罗中单，饰有深青色领缘和袖口，完全符合《明史·舆服志》的记载。

明戏地罗朝服 上衣　　　　　　　明戏地罗朝服 下裳

蔽膝是古人礼服的重要组成部分。它佩戴在服饰的正面，系于腰，垂至膝下——表示上古服饰至今的延续。明代朝祭服的蔽膝用红罗制成。

大带也是重要的礼仪用品。《论语》中记载："疾，君视之，东首，加朝服，拖绅"，其中的"绅"指的就是大带。孔子生病了，王来探视他，他既是在病榻上也要披上朝服、把大带加诸朝服之上。明代的大带用红白两色绢制成；嘉靖以后改为白色绢，以绿色约边。

大绶区别品级，有云凤、云鹤、盘雕、练鹊、獬豸等花样，饰以玉环、犀环、金环等以区分等级，这个也是从宋代一脉相承来的，宋代即有"一二品玉环天下乐晕锦绶、三品银环狮子锦绶、四五品铜环练鹊锦绶"的规定。

革带以皮革制成带鞓，覆以青色绢，上绣五道金线。革带分前后共三段，前两段中间以雀舌开合，后一段以两侧副带连接在前段上，共饰带板二十片；

最前面是一大二小三块方形带板，谓之"三台"，三台背后即是雀舌，两侧各有三枚"圆桃"；再往后是一枚"辅弼"，最后是一枚"铊尾"，铊尾通常要在衣袖后面，后段上是连着的七枚"排方"；玉带的尺寸是四指宽，通常是八厘米左右；带板的材质："一品玉，二品花犀，三品金鈒花，四品素金，五品银鈒花，六品、七品素银，八品、九品乌角"；二品以下、非特赐不能用玉，一品以上用玉带：夏用玲珑透雕，冬则光素。定陵、鲁荒王墓、梁庄王墓出土了大量的玉带实物；其中定陵出土的，由于是上用，因此带鞓包裹红色织物。

五代雷峰塔出土带銙　《大明会典》所载公服革带

玉组配是古人"君子佩玉"制度的延续。《诗经》有云："知子之来之，杂佩以赠之"，《毛传》注："杂佩者，珩璜琚瑀冲牙之类"，《离骚》里也有"佩缤纷其繁饰兮"的句子，可见古人的玉佩是由多枚玉片和玉珠连缀在一起的。古人佩玉一方面有"君子比德于玉"的意思，另一方面，玉佩悬挂于身侧，如果动作过大就不免"环佩叮当"，从而提醒自己要端庄稳重。明代的玉组配悬挂于玉带两侧，由勾、珩、瑀、琚、璜、花、滴、冲牙等玉片构成，基本上没有什么大的变化。《万历野获编》中记载了两个关于玉佩的小故事：

> "嘉靖初年，世宗升殿，尚宝卿谢敏行，以故事捧宝逼近宸旒，其佩忽与上佩相纠结，赖中官始得解。敏行惶怖伏罪，上特宥之，命自今普用佩袋，以红纱囊之。虽中外称便，而广除中清越之音减矣。惟郊天大礼，不敢用袋，登坛时惟太常侍仪进爵，中涓辈俱不得从。万历丙戌年，今上南郊，寺臣董宏业所佩，忽为鼎耳所絓，上立待许久，始得成礼。"

复原的明代组珮

嘉靖年间的尚宝卿谢敏行在大殿上出了个事故：由于靠得太近，他的玉佩和皇帝的玉佩纠结到一起，一旁伺候的宦官连忙上去七手八脚半天才解开。谢敏行自然是吓得要死，皇帝却宽恕了他，并且下令以后大家都回家做个红纱袋把玉佩套起来。

然而到了万历年间，又出了一个类似的事故，皇帝祭天的时候，太常寺董宏业的玉佩不小心挂在鼎耳上，耽误了行礼，让皇帝傻站了半天。

这两则故事，在今天看来只是"趣事"而已，可是当年的当事人，估计吓得魂魄都要飞散了。

表8　泥一鸣 明代女子配饰禁步研究

	制定时间	名称	材质	纹样	数量	具体饰件
皇后	永乐三年	玉佩	玉；金钩	云龙纹（描金）	二	玉珩一、瑀一、琚二、冲牙一、璜二、冲牙下有玉花，玉花下垂玉二滴
皇妃	洪武三年	玉佩	玉；金钩	云凤纹（描金）	二	如中宫佩制
皇太子妃		玉佩	玉；金钩	云凤纹（描金）	二	
亲王妃		玉佩	玉；金	云凤纹	二	如东宫妃佩制
皇后	永乐三年	白玉云样玎珰	玉、金；金钩	云龙纹	二	金如意云盖一、金方心云板一、金长头花四件、小金锤一、白玉云朵
皇太子妃		白玉云样玎珰（如佩制）	玉、金；金钩	云凤纹	二	金如意云盖一、金方心云板一、金长头花四件、小金锤一、白玉云朵五
亲王妃	洪武四年定与皇妃同					
公主	与亲王妃同					
世子妃	永乐三年定	与亲王妃同		云翟文。描金		
郡王妃	永乐三年定	俱与亲王妃同				
郡主	永乐三年定	与郡王妃同				

益宜王继妃孙氏墓出土禁步　　　定陵 孝靖皇后墓出土组玉佩

图片来源：《江西明代藩王墓》　　图片来源：《定陵》

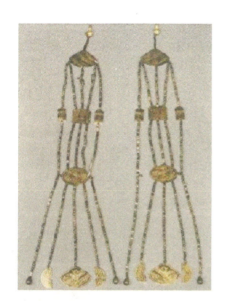

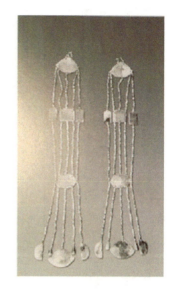

宁靖王朱奠培夫人吴氏墓内出土禁步　　　益端王妃彭氏墓内出土禁步

图片来源：《文物》2003 年第 2 期　　　图片来源：《江西明代藩王墓》

　　还有一个小配件，并非朝服专用，可也具有一定的礼仪作用，这就是牙牌。牙牌本来是出入宫门的凭证，类似古时候的鱼符，不同的是，古时候的鱼袋有金紫银青的区别，而明代的牙牌制式都一样，唯有上面刻着各人的官职为区别。牙牌正面刻有供职的单位和职务，背面是"出京不用"四个大字，旁边小字刻着"朝参官悬带此牌无牌依律论罪借者及借与者罪同"的字样，侧面还刻有编号，"如公侯伯则为'勋'字号，驸马则为'亲'字号，文臣则'文'字号，武臣则'武'字号，伶官则'乐'字号，惟内臣又别为一式"（《万历野获编》）。根据出土的文物，宦官们还有钟形铜制的腰牌；官员的牙牌在拜命后即由尚宝司颁发，升迁或者退休就追回。北京马顺墓出土了一块圆饼形的牙牌，上刻"锦衣卫指挥使马顺"的字样，由于没有见过相关的记载，笔者怀疑这很有可能是马顺自己私造的。

明代牙牌

河北地区出土元代牌符

　　由于市面上符合文物的传统服饰较少，因此笔者只能利用仅有的条件来自己制作礼服和各种器用。

　　以梁冠为例，由于一直以来没有符合文献记载和文物的实体可以参考，而梁冠又是明代祭祀礼仪展演中不可或缺的部分，所以笔者四次前往山东博物馆，对文物反复观察揣摩，并凭借自己对各种传统手工艺的了解，分析了该顶梁冠可能使用的工艺。之后绘制的草图，是找工匠来实现的，其中也遇到了一些困难：在金属工艺过程中，我们反复调整了金属网的参数，在烧毁了无数张金属网之后，终于找到了合适的固定方式；冠顶的部分，需要把织物固定在一个模具上，然后用大漆把它固定成形，最后脱模。然而说起来几秒钟的事情，做起来却是噩梦。首先大漆的干燥需要非常严格的环境要求，理想的环境是湿度80%以上，温度保证在 25 摄氏度以上，并且空气流通、无粉尘悬浮。北京的冬天干燥而寒冷，一个冬天下来漆成的冠顶都无法干燥，最后只有在靠近暖气片的地方设置一个专用的荫箱，里面放上水杯来加湿。而脱模又是一件令人头疼的事情，在刷漆的时候，漆渗透过织物沾到模具上，干了以后，织物却牢牢地黏在模具上取不下来。我们想了一个办法：将织物漆在充气后的排球上，干燥后把排球的气放掉，这样才得以顺利脱模。真正的噩梦是对大漆的过敏反应。那段时间里，笔者全身长满了漆痱子，痛苦不堪。

梁冠复原过程

　　成品顺利制成还要仰赖同僚于流渊。流渊在设计过程中给了很多有用的意见，包括"排球"的主意也是他提的，最后的组装工作也是由流渊完成的。如此才有了第一顶真正意义上的明代梁冠的复制件。

　　2017 年，孔府的后人孔垂长先生回曲阜省亲的时候，我们将这顶梁冠连同一套罗制祭服赠送给孔先生，孔先生连声赞好。

　　湖南洞庭汉风的汤泳韬先生也做过朝服的复制。他在文献的基础上，参考了孔府旧藏的文物，一定程度上复原了明代的朝服、祭服，包括刺绣的大绶。根据文献记载，朝服的大绶材质本是织锦，但是由于条件的限制，目前复原的大绶都采用刺绣的方式，图案参照的是《中东宫冠服图录》和《三才图会》中的记载。

祭服梁冠的复原

梁冠的细节展示

祭服

　　朝服的其他配件我们也做过一定程度的复原，包括玉带、玉佩和牙牌。玉带，雪飞君在 2013 年曾设计制作过一款"云蟒纹高浮雕玉带板"，该套带板后来制作成硅胶翻模的树脂玉带，由于造型美观、设计独特而受到广泛的好评。亲王级别的白玉带是根据鲁荒王墓的考古报告以及定陵博物馆展出的实物复原的，其三台背后的雀舌，是笔者手工制作的。当时选择玉带和玉佩的玉料的时候，很是下了一番功夫：普通的玉，硬度不够，很容易磨损；而硬度高的玉料又不易加工。最后选定的玉料，白度好，硬度达到克氏 6.5 度，但是只能在专业的玉石加工厂加工，一般家用的加工器械对它完全不起作用。有一次，工厂粗心少打了一个眼，笔者使用家用台钻打坏了两个钻头都没有钻透，最后只能寄回加工厂重新加工。

2018 年，我们又在注明工艺美术大师李辉先生的帮助下，设计制作了狮蛮金带：由于狮蛮纹是明代武将常用的一种纹饰（在南京博物馆有一套出土于徐达家族墓的狮蛮带带板，这套带板的材质是琥珀），考虑到明代中阶武官的束带带板有材质上的限制，因此我们选用了金属作为该套带板的材质；带板的制作工艺，我们采用的是传统金银制作工艺中的"捶揲高鋄"工艺，最后按照明代的规则制作成束带。

南京博物馆藏明代狮蛮带

笏板和牙牌的复原，其困难都在选材上。由于动物保护法律的关系，象牙已经是不可以买卖的违禁品了，为了达到最逼真的效果，我们选用了合法的猛犸象牙作为牙笏的原料；牙牌则选用了象牙色的亚克力板材作为原料。雕刻好以后，由雪飞君上色做旧。雪飞君原本

控弦复原款组件

是国内著名游戏公司模型组的负责人，分析颜色对他来说仅是雕虫小技，为了达到最佳的效果，他经过十数次调试，最终呈现出了牙牌古色古香的质感效果。

这些服饰的复原工作极大程度地提高了传统礼仪的还原度，对后来的影视剧作品的服装设计起到了抛砖引玉的作用。

表9　宋初百官冕服制度

名称	搭配	使用
九旒冕	涂金银花额，犀、玳瑁簪导，青罗衣绣山、龙、雉、火、虎蜼五章，绯罗裳绣藻、粉米、黼、黻四章，绯蔽膝绣山、火二章，白花罗中单，玉装剑、佩、革带，晕锦绶、二玉环，绯白罗大带，绯罗韈、履	亲王、中书门下奉祀则服之
	冕无额花，玄衣纁裳，悉画，小白绫中单，狮子锦绶、二银环，余同上	三公奉祀则服之
七旒冕	犀角簪导，衣画虎蜼、藻、粉米三章，裳画黼、黻二章，银装佩、剑，革带，余同九旒冕	九卿奉祀则服之
五旒冕	青罗衣裳，无章，铜装佩、剑，革带，余同七旒冕，六品以下无剑、佩、绶	四品、五品为献官则服之
紫檀冕	五旒，紫檀衣，朱裳，罗为之，皂大绫绶，铜装剑、佩	御史、博士服之
平冕	无旒，青衣纁裳，无剑、佩、绶，余同五旒冕	太祝、奉礼服之

参考资料：据《宋史》卷一五二《舆服志四》。

表10　政和年新订冕服制度

名称	搭配	使用
九旒冕	正一品，金涂银棱，有额花，犀簪，青衣画降龙，朱裳，蔽膝，白罗中单，大带，革带，玉佩，锦绶，青丝网玉环，朱韈履。革带以金涂银，玉佩以金涂银装，绶以天下乐晕	亲祠大礼使、亚献、终献、太宰、少宰、左丞，每岁大祠宰臣、亲王、执政官、郡王充初献服之
	从一品，无额花，白绫中单，红锦绶，银环，金涂银佩，余如正一品服	亲祠吏部、户部、礼部、兵部、工部尚书，太庙进受币爵、奉币爵宗室、每岁大祠捧俎官、大祠中祠初献官服之
七旒冕	角簪，青衣无降龙，余如从一品服	亲祠吏部侍郎、殿中监、大司乐、光禄卿、读册官，太庙荐俎、赞进饮福宗室，七祀、配享功臣分献官，每岁大祀，谓用宫架者，大司乐、大祠中祠亚中献、大祠礼官、小祠献官，朔祭太常卿服之
五旒冕	皂绫绶，铜环，金涂铜革带，佩，余如二品服	亲祠举册官、大乐令、光禄丞、奉俎馔笾豆篚篡宫、分献官，分献坛壝从祀。太庙奉瓒盘、荐香灯、安奉神主、奉毛血盘、萧蒿篚、肝脊豆宗室，每岁祭祠大乐令、大中祠分献官服之
五旒冕	紫檀衣，余如三品服	监察御史服之
无旒冕	素青衣，朱裳，蔽膝，无佩绶，余如三品服	奉礼协律郎、郊社令、太祝太官令、亲祠抬鼎官、进挏粢官、太庙供亚终献金罍、供七祀献官、执爵官服之

资料来源：据《宋史》卷一五二《舆服志四》。

表11　南宋百官冕服制度

名称	搭配	使用范围
鷩冕	八旒，每旒八玉，三采，朱、白、苍，角笄，青纩，以三色絋垂之，紞以紫罗，属于武。衣以青黑罗，三章，华虫、火、虎蜼彝；裳以纁表罗里，缯七幅，绣四章，藻、粉、黼、黻。大带、中单，佩以珉，贯以药珠，绶以绛锦、银环。绂上纸下纯，绘二章，山、火。革带，绯罗表，金涂银装。韠、舄并如旧制	宰相、亚终献、大礼使服之
毳冕	六玉，三采，衣三章，绘虎蜼彝、藻、粉米；裳二章，绣黼、黻。佩药珠、衡、璜等，以金涂铜带，韍绘以山。革带以金涂铜。余如鷩冕	六部侍郎以上服之
絺冕	四玉，二采，朱、绿。衣一章，绘粉米；裳二章，绣黼、黻。绶以皂绫，铜环。余如毳冕	光禄卿、监察御史、读册官、举册官、分献官以上服之
玄冕	无旒，无佩绶，衣纯黑，无章，裳刺绣而已，韍无刺绣，余如絺冕	光禄丞、奉礼郎、协律郎、进抟篚官、太社令、良酝令、太官令、奉俎馔等官、供祠执事官内侍以下服之
紫檀冕	四旒，服紫檀衣	博士、御史服之

资料来源：据《宋史》卷一五二《舆服志四》。

表12　宋初诸臣朝服之制

名称	搭配	使用范围	备注
进贤五梁	涂金银花额，犀、玳瑁簪导，立笔绯罗	一品、二品侍祠	中书门下则冠加笼
冠	袍，白花罗中单，绯罗裙，绯罗蔽膝，并皂褾襈，白罗大带，白罗方心曲领，玉剑、佩，银革带，晕锦绶，二玉环，白绫韈，皂皮履	朝会则服之	巾貂蝉
进贤冠三梁冠	犀角簪导，无中单，银剑、佩，狮子锦绶，银环，余同五梁冠	诸司三品、御史台四品、两省五品侍祠、朝会则服之	御史大夫、中丞则冠有狮豸角衣有中单
进贤冠二梁冠	犀角簪导，铜剑、佩，练鹊锦绶，铜环，余同三梁冠	四品、五品侍祠、朝会则服之	六品以下无中单，无剑、佩、绶。御史则冠有狮豸角，衣有中单
裤褶	紫、绯、绿，各从本服色，白绫中单，白绫裤，白罗方心曲领	本品官导驾则骑而服之	

资料来源：据《宋史》卷一五二《舆服志四》。

表13　元丰二年（1079年）朝服

名称	搭配	使用范围
貂蝉笼巾七梁冠 七梁冠	黄金附蝉，天下乐晕锦绶	宰相、亲王、使相、三师、三公服之
	杂花晕锦绶	枢密使、知枢密院至太子太保服之
六梁冠	方胜宜男锦绶	左右仆射至龙图、天章、宝文阁直学士服之
五梁冠	翠毛锦绶	左右散骑常侍至殿中、少府、将作监服之
四梁冠	簇四雕锦绶	客省使至诸行郎中服之
三梁冠	黄狮子锦绶	皇城以下诸司使至诸卫率府率服之
二梁冠	方胜练鹊锦绶	入内、内侍省内东西头供奉官、殿头，三班使臣，陪位京官服之

资料来源：据《宋史》卷一五二《舆服志四》。

说明：此次改制主要是配合元丰官制改革，重新明确使用者范围，具体冠服的样式及搭配并无太大的变化。

明代朝服金梁冠容像

明代上朝景象

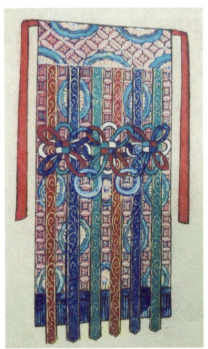

明宫衣冠仪仗图

第七章

结论

　　《左传》曾言："国之大事，在祀与戎。"中国古代的分封制度，实际上是由建立在血缘和宗法制度下的家族分化演变而来。正如傅斯年指出：公侯伯子四等爵，起初并非是官爵班列，而是一家之中的长幼尊卑。因此祭祀等礼仪活动，是对各级封君在家族中地位的维系和展现，也因此，历代君王都十分重视祭祀等礼仪活动。

　　"服章"是礼仪活动中不可或缺的一环，完备的服章系统可以让人直观地"明尊卑，分上下"。因此历朝历代一旦建极，或继承或创新，总是第一时间就把自己的服章制度建立起来。

西塘汉服文化周中身着高阶纹样赐服的演员

明代的服章制度，较之前代有很多的创新，但基本上还是沿着金—元—明的框架在发展，其中"朝服""祭服"以及"公服"和前代并没有较大的区别。朝服祭服承袭自宋代的朝服，除设计上作了一些变革，总体没有大的改变，延续了"朱衣朱裳以朝，青衣朱裳以祭"的传统。制度上，元代的祭服是统一收藏于库，祭祀的时候才拿出来，明代与其不同。公服和常服方面，明代独创性地把胸背补子的图案与颜色、衣纹结合起来，形成完整的服章辨识系统。这一做法也影响了后世的服章制度。区别较大的是明代的赐服制度。元代也有赐服，元代承袭了宋代"赐时服"的传统，每次赐服都是大规模遍赏群臣。明太祖朱元璋以降，除了亲王和公侯伯爵本等服色以外，皇帝将赐予"高阶纹样"的服饰作为特典，只赏赐给个别的官员，比如有因军功的赏赐，因编修史书的赏赐，因任期考满的赏赐，这一类赐服带有明显的褒奖性质。明代还有一类人的赐服比较特别，即中官和锦衣卫侍御前者的赐服。据《明史·舆服志》记载：

　　　　"永乐以后，宦官在帝左右，必蟒服，制如曳撒，绣蟒于左右，系以鸾带，此燕闲之服也。次则飞鱼，惟入侍用之。贵而用事者，赐蟒，文武一品官所不易得也。单蟒面皆斜向，坐蟒则面正向，尤贵。"

　　锦衣卫为"环卫近臣，不比他官"，一律穿着麒麟服色，这一类赐服明显具有礼仪性质。此外，守边的边将、西南的土官、归附的蒙古女真诸部的酋长以及朝鲜、日本、安南等国君主的赐服，则属于"怀柔远人"的性质，同时也用以满足皇帝"四海归心"的虚荣心。明中后期赐服泛滥，武宗正德年间是赐服发生得最多的时候。正史中大量记载了正德皇帝的赐服事迹：

　　皇帝身边的小伙伴：

　　　　"如武弁自参游以下，俱得飞鱼服。"（《万历野获编》）

　　正德十三年，应州大捷，车驾还京：

　　　　"传旨，俾迎候者用曳撒大帽、鸾带。寻赐群臣大红纻丝罗纱各一。其服色，一品斗牛，二品飞鱼，三品蟒，四、五品麒麟，六、七

品虎、彪；翰林科道不限品级皆与焉；惟部曹五品下不与。"（《明史·舆服志》）

蟒纹

这次的赐服范围定在在京五品以上的官员，可谓是雨露均沾了。嘉靖年间，大学士入阁即获赐服，一些官员因"玄坛供事"也获得皇帝的赐服。万历年间，甚至于王府的六品宦官"承奉"也能够获赐高阶赐服，赐服的纹样也基本集中在龙的族属——各种"亚龙纹"的范围内。虽然也有特殊的例子，出现把高品级的品官纹样赏赐给低阶官员的情况，但是赐服的纹样主要还是集中在高级的颜色和纹样的范围以内。

其中最高规格的纹样——蟒纹，历来只赏赐给藩王、外官君主、勋臣和司礼监的高级宦官；明中期以后，开始赏赐给内阁大学士，之后就开始泛滥了。皇帝对此的态度是：

> "按正统十二年，上御奉天门，命工部官曰：'官民服式，俱有定制。今有织绣蟒、龙、飞鱼、斗牛、违禁花样者，工匠处斩，家口发边卫充军。服用之人，重罪不宥。'弘治元年，都御史边镛奏禁蟒衣云：'品官未闻蟒衣之制，诸谙书皆云蟒者大蛇，非龙类。蟒无足无，龙则角足皆具。今蟒衣皆龙形。宜令内外官有赐者俱缴进，内外机房不许织。违者坐以法。'孝宗是之，著为令。"（《万历野获编》）

大红织锦飞鱼袍和孔府容像对比图

明代中后期，赐服的滥觞很大程度归因于锦衣卫，甚至连普通的校尉都穿着麒麟和狮子服色，一些市井无赖也通过各种关系设法列籍锦衣卫。据王世贞的《锦衣志》中记载，至嘉靖中，锦衣卫缇骑卫士多为"都中大豪，善把持长短，多置耳目，所睚眦无不立碎"，明末一些市井之徒，花上三十两银，即可获得北镇抚司堂官出具的一纸堂帖，以证明其为掌卫官辖下的某所校尉，从而即可穿上狮子服鱼肉乡里。

文官及其家属也是僭越服制的高发人群。1981年江苏泰州出土的徐蕃夫妇合葬墓中，徐蕃的妻子张氏身穿素缎织麒麟补服和八宝花缎仙鹤补服。根据墓志和方志记载，徐蕃生前为正三品工部右侍郎，由此可见徐的夫人张氏明显僭越了徐的品级。泰州博物馆收藏的1988年出土的刘君夫妇合葬墓中整理出来的衣物——刘君的夫人丘氏身穿狮子补服和麒麟补服，也与其夫君的身份不符。此外，还有2012年浙江嘉兴市出土的李湘夫妻妾合葬墓中发掘整理出来的四件精美华贵的官服：麒麟绣补松竹梅绸大袖衫、双凤绣补圆领袍、织金团凤胸背双鹤大袖衫、云鹤团鹤纹麒麟绣补大袖袍。由于李湘生前仅为正七品文林郎，这些出土的文物显示其僭越了他的本等。从这些江南富裕地区的明代墓葬来看，僭越多发于富裕家庭的妇女，这和明人的笔记记载是相符的。

西塘汉服文化周中身着高阶纹样赐服的演员

除了上述获赐者以及僭越的官员以外，高阶纹样的服饰也成为富裕市民所追逐的对象。婚礼的摄盛传统为市民们的僭越提供了法理依据，并且市民们自动将这些权力自行放大和延伸。明代舆服的规定并没有被很好地执行，明代的小说笔记以及方志中大量记载了婚礼中僭越的例子。

　　今天，我们在研究明代的礼仪和服章制度的时候，不可避免会碰到大量关于锦衣卫以及赐服的资料，这也是明代礼仪制度的一大特色。然而进一步了解后，我们发现锦衣卫也并非都是"飞鱼服""绣春刀"这样的

西塘汉服文化周中身着高阶纹样赐服的演员

刻板形象，且穿着"飞鱼服"的，也不仅仅是锦衣卫而已。明代的赐服泛滥，虽然对政治制度造成一定程度的扰乱，但也刺激了明代织绣等丝绸制造业的工艺进步和发展。今天出土和传世的大量丝织品文物，对我们研究明代历史提供了很好的参考和佐证。